L'AFFAIRE MADAME

DE LA MÊME AUTRICE

Mon travail me tue
(avec Jacqueline Remy)
Flammarion, 2016

Ouvrages en collaboration

Rester digne
Ingrid Levavasseur (avec Emmanuelle Anizon)
Flammarion, 2019

Un si long silence
Sarah Abitbol (avec Emmanuelle Anizon)
Plon, 2020
Harper Collins Poche, 2021

EMMANUELLE ANIZON

L'AFFAIRE MADAME

STUDIOFACT
EDITIONS

Couverture :
Conception graphique : Rémi Pépin
Photographie : © Ludovic Marin / AFP (photo retouchée)

ISBN : 978-2-9587398-4-3

À mes enfants.
À mon métier.

- 1 -

Médiumnisation

10 décembre 2021. Amandine Roy trépigne. Assise dans son salon, devant un fond noir sur lequel est inscrit « Médiumnisation, votre média alternatif », la voyante, visage rond, cheveux blonds ras, lèvres et ongles peints, exulte. Chaque jour, en direct sur YouTube, Twitch ou Facebook, elle donne rendez-vous à ses fidèles dans une émission où elle passe l'actualité à l'acide de ses prophéties, étrille violemment les élites en général, et Emmanuel Macron en particulier. Mais l'entretien qu'elle annonce depuis des semaines avec une gourmandise affichée, et qu'elle va commencer, là, maintenant, est tout particulier. Aujourd'hui, elle reçoit en exclusivité une invitée très attendue par les internautes : « *Natacha Rey, la journaliste qui a enquêté pendant trois ans sur Brigitte Macron* ». Une invitée qui, peut-être, elle l'espère,

fera vaciller ce couple présidentiel qu'elle conspue au quotidien.

Amandine ROY : « *Bonsoir à tous. Bienvenue ce soir avec la vérité [...] des informations cruciales pour l'exercice de votre citoyenneté éclairée et votante dont vous avez été intentionnellement privés, de manière extrêmement dommageable et préjudiciable depuis plusieurs années. L'information est un droit. [...] Nous devons beaucoup de remerciements à Natacha Rey. Et de fait, je suis honorée ce soir de la recevoir parmi nous pour cette toute première interview sur cette enquête. Natacha, bonsoir, comment allez-vous ?* »

Natacha REY : « *Bonsoir Amandine, je vais très bien et bonsoir à vos auditeurs...* » La voix est haut perchée avec un accent du Sud-Ouest, le débit rapide. On ne voit pas Natacha Rey à l'écran, seulement sa photo dans un médaillon. Le visage est caché par des lunettes de soleil et un grand chapeau noir à large bord, d'où s'échappe une longue tresse blonde. Un petit caraco blanc dévoile de fines épaules. L'ensemble fait très glamour années 1950.

La transmission est mauvaise. Après quelques déboires techniques, l'émission reprend.

Natacha REY : « *J'ai été coupée sans aucune raison.* »

Amandine ROY : « *J'espère qu'on n'est pas déjà en train de nous enquiquiner alors que l'on n'a même pas encore commencé ! [...] On y va. Donc, je parle de toi depuis plusieurs mois, est-ce qu'en quelques mots tu pourrais te présenter ?* »

Natacha REY : « *Je m'appelle Natacha Rey, j'ai cinquante et un ans, je suis journaliste enquêtrice indépendante, autodidacte, non issue du sérail mainstream et non formatée par une école de journalisme, sinon je n'aurais pas pu vous servir cette enquête. J'exerce par ailleurs d'autres activités professionnelles ou artistiques dont je ne parlerai pas ce soir, ce n'est pas le sujet.* »

Amandine ROY : « *Comment en es-tu arrivée à t'intéresser au sujet Brigitte Macron, au point de décider d'enquêter sérieusement dessus ?* »

Natacha REY : « *Il y a deux raisons principales qui m'ont poussée à commencer à m'intéresser de très près à Brigitte Macron, et j'ai commencé une enquête sans même m'en rendre compte. Tout d'abord, l'étrangeté de son physique qui me dérangeait depuis le début. Ce n'est pas que je m'intéressais spécialement à elle, pas du tout même, mais chaque fois que je voyais des photos sur internet ou des vidéos, il y avait quelque chose qui me brûlait les yeux, qui me dérangeait. [...] La seconde raison, c'est la version officielle du récit de sa vie passée, qui comporte un grand nombre d'anomalies et qui est truffée d'invraisemblances, de contradictions, de confusions. [...] Il y a des doubles ou triples versions pour certains éléments. En fait, il n'y a rien qui tient la route dans la version officielle du récit de son passé. [...] Et le vrai déclencheur, ça a été toi, Amandine, que je ne connaissais pas à l'époque. [...] On était en plein mouvement des Gilets jaunes, c'était fin* *décembre 2018, début janvier 2019 [...] tu as dit :* "Il [Emmanuel Macron] ne tombera pas tant qu'elle [Brigitte Macron] [...] ne sera pas tombée pour une affaire, un scandale extrêmement grave qui l'entraînera dans sa chute." *Ça m'a vraiment interpellée et ça n'a fait que conforter mes convictions, et j'ai décidé de chercher à en savoir un peu plus parce que je me suis dit : si c'est "elle"* [Brigitte] *qui tombe pour un scandale, ça pourrait avoir un rapport avec ce que je pense.* »

Amandine ROY : « *Maintenant que le décor est posé, je te propose qu'on passe à l'enquête en elle-même, [...] de manière chronologique, afin que tout le monde puisse comprendre les cheminements de ton enquête.* »

Natacha REY : « *Je me suis d'abord intéressée très sérieusement à sa morphologie, à son anatomie, son visage. [...] J'ai rencontré des dermatologues, des chirurgiens esthétiques, des chirurgiens-dentistes pour l'analyse de sa mâchoire ; un endocrinologue. [...] Tous sont tombés d'accord avec moi, qu'il ne pouvait s'agir que d'un transsexuel.* »

Natacha Rey part dans une très longue énumération des particularités physiques « masculines » qu'elle explique avoir détectées : « *Le volume de tête n'est pas celui d'une femme* » ; « *la peau est trois fois plus épaisse que chez une femme normale, surtout de cet âge-là* » ; « *le cou, qui est extrêmement trapu, qui n'a rien de gracieux, rien de féminin* » ; « *l'absence totale de taille, absence totale de hanches, c'est vraiment le bassin droit de mec* » ; « *deux cannes maigres qui remontent bien trop haut pour une femme, très écartées* ».

Face à cette addition brutale de détails, Amandine Roy se sent obligée de préciser qu'il « *ne s'agit pas ici de débiner son corps, mais de mettre en perspective les mensonges* ».

Natacha Rey renchérit : « *On n'est pas là pour la dénigrer. Moi, j'ai fait une étude complète de sa morphologie donc je dis ce qui est : vraiment l'impossibilité totale que ce soit une femme à l'origine.* » Et de poursuivre sa litanie : « *La dentition a été entièrement refaite* » ; « *lentilles bleues* » ; « *faux cils* » ; « *la gestuelle n'est pas celle d'une vraie femme* » ; « *d'ailleurs dans les commentaires de vidéos sur YouTube, [...] on la compare toujours à des hommes [...]. Je suis étonnée qu'il n'y ait pas plus de monde qui se rende compte de tout ça, moi ça me semble incroyable, surréaliste... Mais que font les journalistes ?* »

Amandine ROY : « *Soit ils sont menacés, soit ils sont coopérants.* »

[...]

Natacha REY : « *Je sais que certains sont au courant, c'est impossible autrement. Mais en tous les cas, la presse de propagande nous la décrit comme une femme magnifique, faisant plus jeune que son âge, toujours extrêmement bien coiffée, bien habillée, mais [...] on est nombreux à ne pas voir la même chose qu'eux. [...] On ne peut pas dire :* "Oh, mais qu'elle soit un homme ou une femme, on n'en a rien à foutre." *Non, on ne peut pas mentir sciemment à un peuple [...].* »

Amandine ROY : « *Ils ont menti à un pays entier...* »

Natacha REY : « *On ne peut pas manipuler, dissimuler comme ça, avec la complicité des institutions, de la presse, c'est de la haute trahison. Et surtout, ça cache quelque chose de beaucoup plus grave qu'un simple changement de sexe, c'est quand même un détournement de mineur.* »

L'exposé, survolté, continue. Brigitte, dans la généalogie officielle de la famille Trogneux, a un frère, Jean-Michel. Selon Natacha, Brigitte serait en fait Jean-Michel, qui aurait opéré sa transition de genre dans les années 1980. Rapide, pressée, excitée, Natacha continue sa démonstration dans un long développement assez confus que l'on va essayer de rendre à peu près clair ici. Accrochez-vous, ça devient compliqué. Brigitte née Trogneux a, selon sa biographie officielle, épousé un premier mari, André Auzière (que Natacha et les journaux vont souvent appeler, à tort, « André-Louis ») en 1974, avec lequel elle a fait trois enfants, Sébastien, Laurence et Tiphaine. Un mari dont elle s'est séparée ensuite pour refaire sa vie avec le tout jeune Emmanuel Macron. Selon Natacha Rey, la vraie histoire serait la suivante : Brigitte, en fait Jean-Michel Trogneux, ne serait pas la mère de ses trois enfants, mais leur père. André(-Louis) Auzière, le premier mari officiel, ne serait donc qu'une invention, une « légende » créée pour couvrir le changement de sexe de Jean-Michel/ Brigitte.

Natacha REY : « *André-Louis, j'ai effectué de très longues recherches généalogiques : il n'existe pas. [...] Il était tellement discret, il était tellement mutique, il était tellement transparent et toujours absent que même les gens interrogés ne s'en souviennent pas [...] jamais aucune photo du couple avec les enfants en bas âge.* [...] *Même des journalistes mainstream s'y sont collés. [...] Ils disent :* "Bizarrement on n'a rien retrouvé sur lui", *mais ils n'ont pas poussé les investigations plus loin. Il a fallu que ce soit moi qui le fasse, moi qui ne suis pas en plus à la base une journaliste d'investigation, je n'ai pas de formation pour ça. Si moi j'ai réussi, pourquoi eux n'ont pas réussi ? Je pose la question...* »

Natacha Rey explique ensuite comment elle pense avoir retrouvé la véritable mère des trois enfants, un peu par chance. Elle s'appellerait Catherine Auzière.

Face à la logorrhée enthousiaste de Natacha Rey, qui voudrait donner tous les détails de son « enquête » de trois ans, Amandine Roy a bien du mal à cadrer son interview, qui devait durer deux heures et s'étire maintenant depuis quatre heures.

Amandine ROY : « *J'étais consciente que cette interview allait prendre une importance qui nous dépasserait certainement toutes les deux. J'avais peur que tout le monde foute le camp et qu'on n'ait plus personne... Regarde, ils sont encore plus de 2 000.* »

Natacha REY : « *C'est formidable, et puis en plus il va y avoir le replay donc on va être entendues* *encore par des milliers de gens. [...] On va guetter les retombées, mais j'attends que les journalistes viennent. [...] De toute façon, c'est un système qui est complètement pourri et qui à mon avis va s'effriter sous le poids de sa crasse – presse, médias, institutions comprises – [...]. Nous ne voulons plus de cette caste politique, nous ne voulons plus de cette presse, nous ne voulons plus de ces médias manipulateurs et propagandistes, nous ne voulons plus de ça. Nous ne voulons plus, Trogneux, Auzière... ces familles de la haute bourgeoisie qui décident de tout, qui ont la mainmise sur tout. [...] C'est le peuple qui doit prendre le pouvoir. [...] nous allons voir qui est la plus folle des deux, Brigitte ou moi.* »

« *Aaaaaah ! Impeccable...* », s'enthousiasme Amandine Roy, qui clôt l'interview : *« Nous mettons fin à cette interview ce soir, mais vous l'aurez compris, elle n'est qu'un début. »*

Ce n'est qu'un début, en effet.

Dans les heures qui suivent, l'interview engrange près de 500 000 vues rien que sur YouTube. Le hashtag « #Jean-MichelTrogneux » génère plus de 66 000 mentions sur Twitter (devenu X). Parmi les comptes qui contribuent le plus à sa diffusion, on retrouve des profils opposés à Emmanuel Macron, issus de l'extrême droite et des milieux antivax et covidosceptiques. Sur Facebook, la rumeur est partagée par des pages de soutien au mouvement des Gilets jaunes ou contre la politique sanitaire du président.

Mais assez vite, le partage s'étend. Des comptes parodiques naissent, comme @TrogneuxJM. On voit éclore aussi des « Brigittegate », et autres « affaire Brichel ». Cinq jours après, le 15 décembre 2021, le journal *Libération* publie une page « Checknews » : « #JeanMichelTrogneux : quelle est l'origine de la fake news visant Brigitte Macron ? » Le 22 décembre, l'agence anglaise *Reuters* sort une dépêche, reprise par la presse internationale : « Brigitte Macron takes legal action against false rumours she was born a man[1]. » La première chaîne d'information turque A Haber (21 décembre 2021) consacre un sujet à l'affaire, suivie par la chaîne d'information étatique russe Rossiya 24.

Très vite, des humoristes rebondissent : « Le soir, je lui embrasse ses jambes velues avant de lui ôter ses escarpins pointure 44 », Marc-Antoine Le Bret, RFM, 23 décembre. « Emmanuel Macron, sa femme, c'est Patrick Juvet », Laurent Gerra, RTL, 3 janvier. Sur le plateau de Laurent Ruquier (*On est en direct*, 15 janvier 2022), la comédienne Victoria Abril fait la promotion de sa pièce de théâtre, l'histoire d'un homme politique de premier plan qui découvre que son épouse est transsexuelle : « Aucun rapport avec la polémique du moment », s'esclaffe Laurent Ruquier. Léa Salamé éclate de rire.

---

1. Brigitte Macron engage une action en justice contre les fausses rumeurs selon lesquelles elle serait née homme.

Au cabinet de Brigitte Macron, on surveille. Ce n'est pas la première fois que des rumeurs concernent la sexualité de la femme d'un président. En 1968, le corps d'un homme assassiné est retrouvé dans une décharge des Yvelines. Il s'agit d'un ressortissant yougoslave, Stephan Markovitch, et certains journaux affirment qu'il faisait chanter Georges Pompidou (alors ex-Premier ministre et futur président de la République), parce qu'il avait en sa possession des photos de Claude Pompidou, sa femme, prises lors de soirées échangistes. Il s'agissait en fait de photomontages, à l'ère pré-Photoshop. En apprenant la rumeur, Georges Pompidou aurait dit : « Je ne vais tout de même pas aller à la télévision pour déclarer : "L'affaire Pompidou est un scandale !" »

Les experts en communication de l'Élysée se posent la même question, cinquante ans plus tard : faut-il y aller ou pas ? Communiquer ou ignorer ? À l'époque pré-internet, la question pouvait se poser, les affaires s'essoufflaient, s'étouffaient. Plus compliqué aujourd'hui. « Généralement, on ne répond pas, pour ne pas nourrir la machine », commente-t-on au cabinet de Brigitte Macron. D'autant plus que derrière, se cachent potentiellement des trolls payés par des États hostiles. La Russie a été accusée à plusieurs reprises ces dernières années de nourrir les réseaux sociaux en rumeurs, pour déstabiliser le pouvoir. Mais l'écho de l'émission d'Amandine Roy est trop énorme. « Quand les journalistes ont commencé à appeler pour avoir notre réaction, on a compris qu'on ne pouvait plus garder le silence », explique-t-on encore au cabinet de la Première dame. « Se taire n'était plus tenable. »

Mais comment réagir ? En quelques jours, le hashtag #JeanMichelTrogneux, qui paradait en tête des tendances sur Twitter (X), est déréférencé. Mais le buzz continue. Brigitte Macron intervient très peu dans les médias, et il n'est pas question qu'elle le fasse expressément sur ce sujet. Heureux hasard du calendrier, elle prend traditionnellement la parole en janvier pour défendre l'opération Pièces jaunes, le seul sujet sur lequel elle s'exprime, avec celui du harcèlement. Il est donc décidé qu'elle en profitera pour évoquer aussi sa propre affaire.

Le 12 janvier, soit quasi un mois jour pour jour après l'émission de Natacha Rey sur la chaîne d'Amandine Roy, la Première dame est au journal télévisé de 13 heures sur TF1, veste foncée, sur chemise blanche.

« Vous menez un combat contre le cyberharcèlement dont vous êtes vous-même régulièrement victime », commence le journaliste Jacques Legros, qu'on sent à la fois flatté et gêné d'aborder ce sujet dans son JT plutôt consensuel. « Pardonnez-moi de revenir dessus, mais par exemple cette théorie conspirationniste contre laquelle vous pensez porter plainte je crois, qui affirme que vous êtes un homme, qu'est-ce que vous pourrez répondre à ça ? »

« Bien évidemment, que c'est un mensonge », répond Brigitte Macron. Elle esquisse un bref sourire. « Une fois que j'ai dit ça, je n'ai rien dit. »

« Vous allez porter plainte ? » reprend le journaliste.

« Oui, c'est un petit peu long parce qu'il faut les captures d'écran, l'intégralité des propos rapportés », explique-t-elle. Et elle ajoute cette formule, manifestement travaillée : « Il y a ceux qui émettent, ceux qui relaient et ceux qui hébergent, donc il faut ratisser large. »

« Madame, vous êtes épouse du président de la République et vous n'avez pas réussi à arrêter tout ça ? Alors vous imaginez… nous ! » s'exclame le journaliste.

« Tout à fait d'accord, c'est parfaitement injuste », reconnaît-elle, estimant qu'elle a la chance d'avoir des avocats « rompus à l'exercice » : « Ils savent qui appeler, comment appeler. Imaginez si ça arrive aux personnes, comment font-elles ? » Elle enchaîne sur les mesures nécessaires pour protéger les mineurs du harcèlement, « c'est mon combat ».

Deux jours plus tard, le 14 janvier 2022, Brigitte Macron est invitée dans la matinale de RTL. Visage fermé, veste toujours sombre sur chemise blanche, la Première dame semble plus tendue que deux jours auparavant sur TF1.

« On a dit que vous étiez un homme, sur les réseaux sociaux. Ça vous a blessée ? » demande la journaliste Alba Ventura.

« C'est-à-dire, répond Brigitte Macron, la voix solennelle : au début, j'ai regardé ça d'un petit peu loin, j'en entendais parler, mais bon... Et puis à un moment donné, je me suis rendu compte qu'on était en train de bouleverser ma généalogie. »

« Comment ça ? » demande la journaliste.

« C'est-à-dire, ils avaient changé mon arbre généalogique. Les trois quarts de la famille, c'était bien, et puis d'un seul coup, on arrive à mon frère : je suis mon frère. Et là... dit-elle, le doigt levé, on touche à la généalogie de mes parents. Et là, c'est impossible. »

« Quand vous dites "ils", qui sont ces gens ? » relance la journaliste.

La Première dame reprend la formule déjà utilisée sur TF1, à propos des « émetteurs/relayeurs/hébergeurs » : « Les émetteurs, en l'occurrence ce sont des femmes, des émetteurs qui me poursuivent apparemment depuis longtemps. Je ne sais pas, je n'y vais pas [...] Ensuite, il y a ceux qui relaient et qui amplifient. Et ensuite, il y a bien évidemment les hébergeurs. Et moi, si je n'y vais pas, si je ne fais rien, alors que ça fait quatre ans que je suis contre le harcèlement, alors je ne suis pas audible, on va me dire "mais vous ne faites rien". »

L'intervention fait 365 000 vues et suscite presque 3 000 commentaires sur le site de la radio. On le sait, ceux qui écrivent sont les plus motivés, et souvent les plus négatifs. Mais il est intéressant, quand les commentaires arrivent en si grand nombre, de relever les arguments les plus récurrents.

Le premier commentaire, qui apparaît en haut de la liste, est celui qui a généré le plus de réactions. Il aborde la genèse du couple Macron avec la brutalité inhérente aux messages sous pseudo.

« 1re interrogation : quel père ou quelle mère de famille accepterait qu'une prof de 40 ans (ayant autorité sur mineur) couche avec son gamin âgé de 15 ans ? 2e interrogation : comment se fait-il qu'un homme qui se fait faire cocu par un gamin de 15 ans n'ait pas eu droit de garde pour ses enfants lors du divorce ? 3e interrogation : pourquoi après une telle affaire, ni l'Éducation nationale, ni le rectorat et ni le lycée (de Jésuites donc catholique privé) n'ont engagé une procédure à l'encontre de cette prof ? 4e interrogation : comment une quadra, mère de 3 enfants, peut-elle s'envoyer en l'air avec un môme qui a l'âge de l'un de ses propres fils ? » (@bardamuk8441)

Beaucoup de commentaires prennent un ton plus humoristique, comme celui de @supermildi : « Brigitte on est avec toi mec ! »

Brigitte Macron est aussi attaquée sur sa stratégie de défense : « Une femme normalement constituée serait sereine face à de telles rumeurs, elle aurait déjà présenté les preuves de sa véritable nature, photos de ses enfants en bas âge, de sa maternité, de son adolescence, témoignage de Jean-Michel, de ses années scolaires ou que sais-je. Là, rien d'autre qu'une posture défensive, un visage crispé qui fait ressortir des traits masculins, un discours confus qui esquive la véritable question de départ. » @ragoutou « Ce n'est quand même pas compliqué d'arrêter cette rumeur. Elle vient avec son frère et l'affaire est close. » @pierretterombaut8513 « Elle devrait en rigoler et montrer des photos d'elle gamine à 10-12 ans, des photos de son premier mariage, etc. et l'affaire serait définitivement terminée. » @philippemarquet3428

Ou encore : « Ceci n'a rien à voir avec la transphobie, j'ai une amie trans. [...] Ce qui est assommant ce sont tous ces mensonges du gouv. On ne sait plus dans quel monde on vit malheureusement. De mensonges en manipulation, nous sommes déroutés. On n'a peut-être pas voulu vous faire de mal Brigitte. Soyez juste vous-même... mais n'assassinez pas non plus celle qui a fait l'enquête très rigoureuse, elle n'a rien avancé par hasard, ne la maltraitez pas. Vouloir connaître la vérité, et la faire éclater au grand jour, est-ce un crime ? » @catherineberger9628

On y trouve, enfin, quelques messages de soutien, minoritaires : « Inadmissible ce manque de respect. » @monstephenice1614 « Je déteste le harcèlement dont Brigitte Macron fait l'objet et je le trouve condamnable. Je déteste le harcèlement en général qui peut détruire même les plus solides et les plus courageux !!! Cela doit cesser. J'ai écouté la Natacha Rey environ 20 minutes, elle me paraît totalement azimutée et paranoïaque » @Julie-oy2ge

En 1987, l'actrice Isabelle Adjani était intervenue au journal télévisé de 20 heures, sur TF1, pour mettre fin aux rumeurs persistantes selon lesquelles elle était malade du sida, voire décédée. « Je suis uniquement venue pour rassurer le public et dire aux gens : ne croyez pas tout ce qui se raconte », avait-elle lancé, émue et en colère, avant de claquer une bise intempestive au présentateur Bruno Masure et de quitter le plateau. Cette intervention avait suffi à éteindre la rumeur, même si certains s'étaient demandé – il y en a toujours – pourquoi l'actrice avait gardé sa main si longuement posée sur sa joue… Trente-cinq ans plus tard, la prestation de Brigitte Macron ne suffira pas à convaincre ceux qui doutent, on le voit à travers les commentaires. L'époque a changé. Les réseaux sociaux sont beaucoup plus puissants. Le fossé s'est élargi, entre la rive des citoyens « défiants », toujours plus nombreux, et celle des élites, perçues comme toujours plus lointaines.

Brigitte Macron aurait-elle convaincu davantage si elle avait été plus percutante, plus détendue ? Si elle était venue avec des photos d'elle enceinte, ou avec son frère Jean-Michel, comme certains le suggèrent dans les commentaires ? Dans l'entourage de la Première dame, on croit plus à l'efficacité d'une réponse juridique. Depuis le palais de l'Élysée, Brigitte Macron, entourée d'une cellule de communication et d'un des meilleurs avocats de Paris, porte plainte pour atteinte à la vie privée et diffamation.

De son petit deux-pièces de province, Natacha Rey, soutenue par des bataillons de défiants, est bien décidée à continuer la partie et à mener la bataille.

« L'affaire Madame » ne fait que commencer.

\- 2 -

Natacha

Octobre 2022, j'ai rendez-vous avec Natacha. Elle m'attend sur le quai de la gare de la petite ville où elle habite. Je reconnais la silhouette fine, la natte blonde posée sur la poitrine. Je découvre un visage fin et des yeux verts, qu'elle ne dissimule pas cette fois derrière ses grandes lunettes noires. Jeans, petits talons, haut de dentelle noire, veste orange cintrée, elle est féminine. Et ce qu'on appelle une jolie fille. Elle a cinquante et un ans, on lui en donne facilement dix de moins. Difficile d'imaginer, en la regardant, qu'elle est à l'origine de toute cette histoire.

Il a fallu six mois, pour la décider à me rencontrer. Natacha Rey, dans son interview chez Amandine la médium, émettait le souhait que des journalistes la contactent et prennent le relais, mais exprimait aussi son rejet violent des « médias mainstream » : « Quelles que soient les tendances, la pseudo-droite, la pseudo-gauche, la pseudo-extrême droite ou la pseudo-extrême gauche, ce ne sont que des propagandistes, des petits agents de propagande sans envergure et des raconteurs de bobards, des répéteurs de version officielle avec de la fausse subversion. » Pour les « défiants », les médias d'information générale mentent et trahissent les intérêts du peuple afin de servir ceux du pouvoir. Je précise ici que j'ai choisi de parler de « défiants » dans ce livre, plutôt que de « complotistes », parce que le mot est plus neutre, il ne juge pas, et il permet d'englober une variété plus diversifiée de personnes, cinquante nuances de défiance en quelque sorte. Chez les défiants, donc, BFM est surnommée « BFmerde », France info « France infaux ». La vraie information, à leurs yeux, c'est la « réinformation », l'autre information, celle qui circule sous le manteau via des « lanceurs d'alerte » qui pullulent sur internet. Aujourd'hui, chacun peut, comme Amandine Roy, improviser une chaîne depuis son canapé, avec un ordinateur ou un smartphone. Et déjouer ce que les médias « mainstream » appellent « la modération », mais que les défiants appellent « la censure », de Facebook ou de YouTube par exemple, en allant sur des plateformes et des sites d'hébergement de vidéos plus accueillants, comme Odysee, CrowdBunker, ou encore le Facebook russe VK.

Je me doutais que l'approche serait délicate. Elle le fut. À mon premier message, le 5 avril 2022, Natacha répond : « Je ne reçois aucun journaliste ou prétendu journaliste et ne donne aucune interview. J'ai assez de torchons mensongers sur mon compte. » À ses yeux, je suis du mauvais côté, celui de la propagande, du pouvoir. J'argumente que je veux vraiment comprendre comment elle a travaillé, ce qui l'anime dans cette croisade…

Nous avons correspondu beaucoup, par écrit surtout, sur la messagerie cryptée Telegram, parce que les réseaux classiques ne seraient pas assez sûrs. Natacha pense être surveillée, sur écoute. Elle a accepté de me rencontrer, *in fine*, parce que j'ai couvert les Gilets jaunes pour *L'Obs*, et aussi parce que j'ai enquêté sur diverses affaires de pédocriminalité, sujet obsessionnel chez les défiants. « Si vous venez, restez deux jours ; il y a tant à dire », a-t-elle prévenu.

Pendant vingt-quatre heures, nous échangeons. Natacha s'avère volubile et joyeuse. Elle rit souvent de ce qu'elle raconte, devant ses thés bio et ses légumes grillés à la spiruline. Natacha est vegan. « Manger les animaux, ça me dégoûte depuis toute petite, et puis c'est plus écologique. Les parents de ma mère avaient une fermette où ils élevaient des canards, lapins, pigeons. J'aimais aller les nourrir avec ma grand-mère, les caresser. Et après je voyais mes amis disparaître et être servis sur la table. Il n'y a rien de tel pour engendrer une végétarienne ! » Elle rit, mi-figue, mi-raisin : « Je ne mange pas mes amis. » Natacha a grandi dans une famille modeste et aimante, parfaitement intégrée au « système », comme elle l'appelle. Des parents qui ont réussi à s'offrir un petit pavillon dans une bourgade rurale, et à leurs enfants une vie tranquille. Ils refusaient de la laisser aller en boum, l'éducation était assez stricte, alors elle se réfugiait dans les vieux films des années 1950 et 1960, qu'elle adorait, et dans les livres. Lamartine, Musset, Zola, « mais pas les plus connus, j'ai adoré *Le Rêve*, *La Faute de l'abbé Mouret*, *Le Docteur Pascal*, *Pour une nuit d'amour*... et puis Oscar Wilde, Flaubert, et le théâtre d'Anouilh... ». Ses yeux brillent quand elle énumère les auteurs qui ont nourri sa faim d'enfant précoce. « La lecture m'a sauvée, et elle n'est pas pour rien dans ce qui m'arrive aujourd'hui. » Natacha a un tempérament d'artiste. Dans ses tiroirs, elle conserve des cahiers noircis de poèmes et de paroles de chansons inspirées de ses maîtres, « Trenet, Mouloudji, Higelin, Gainsbourg, mais avant sa période Gainsbarre ». Elle voulait écrire, chanter, dessiner des vêtements, décorer des appartements, la vie en a décidé autrement, et on la sent amère sur son parcours, qu'elle ne veut pas développer. « Des fois, je rêve de retrouver l'innocence de ma jeunesse, ne pas avoir conscience de la perversité de ce monde, de ses horreurs. Aujourd'hui, c'est difficile de trouver sa place dans ce monde. »

Natacha ne s'informe pas comme ses parents, qui « lisent *Sud-Ouest* et regardent CNews ». Elle ne regarde même pas la télé. « On m'en a offert une, il y a des gens qui n'imaginent pas qu'on puisse être heureux sans télé. Je ne l'ai pas branchée ! » Natacha a elle-même écrit dans des blogs, sous pseudo, elle ne veut pas révéler lesquels, « parce qu'on me re-taxerait d'extrême droite ». J'insiste plusieurs fois, mais rien à faire, je ne saurai pas. Quand elle vivait encore avec son petit ami, « c'est clair qu'on n'achetait pas *L'Obs* ! ». Rien que de l'imaginer, ça la fait rire. Son copain aimait bien *Siné Hebdo*, le couple lisait aussi des revues végétariennes, en rapport avec les animaux ou la protection animale. Elle dit que les rares fois où elle a voté, c'était pour le Parti animaliste. Sur sa page Facebook, avant que celle-ci ne soit fermée, *Libération* avait pourtant noté qu'elle se définissait comme faisant partie des « patriotes-résistants-nationalistes » de Florian Philippot, un ancien du Rassemblement national. Elle aurait aussi soutenu Hervé Lalin, dit Ryssen, incarcéré pour ses propos négationnistes et antisémites. Elle défendait enfin les Vendéens massacrés pendant la Révolution… De quoi être classée directement dans la case « extrême droite ». De quoi s'interroger aussi sur ses réseaux et soutiens politiques, potentiellement à la manœuvre derrière cette affaire #JeanMichelTrogneux. Ces soupçons la font rire : « Je n'ai jamais milité pour aucun parti politique, je suis simplement comme les gens : écœurée. Va-t-on chercher des gens compétents, droits, honnêtes, qui n'obéissent pas aux banques ou aux labos, pour gouverner ? Non. Regardez ce gouvernement, ils sont tous mis en examen, avec des histoires d'agression sexuelle, de prise illégale d'intérêts, des faits gravissimes, et rien ne leur arrive ! » L'étiquette « extrême droite » l'amuse aussi. « Penser gauche/droite, c'est de la politique à papa. Je connais plein de gens qui ont voté pour La France insoumise et pour le RN. Mon ex-copain, avec qui j'ai vécu dix ans, était de gauche, mais très critique sur la gauche actuelle. On se retrouvait dans un même rejet du système. Aujourd'hui, la question n'est pas d'être extrême droite, mais d'être mondialiste ou antimondialiste, pro- ou antisystème. » Marine Le Pen et son Rassemblement national sont pour elle « pro-système ». « Le Pen a abandonné l'idée de sortir l'euro de l'Europe et a défendu le port du masque ! Je ne crois plus aux vraies oppositions. Pour être un parti, il faut donner des gages au système. Ils sont tous liés. Les députés prennent des pots ensemble, se tutoient, c'est un jeu de rôle au détriment du peuple. » Ce discours qu'on entend tellement aujourd'hui...

Quand Emmanuel Macron a été élu, en 2017, Natacha assure qu'elle n'y a pas fait plus attention qu'aux autres. « Pour moi, ils se valent tous. Mon ex me disait "Sarkozy est un dictateur", mais ce n'était rien par rapport à Emmanuel Macron. » Elle rit. « C'est tragi-comique. » Lorsque les Gilets jaunes ont surgi, elle les a soutenus. « Mes parents ne les aimaient pas, ça les emmerdait qu'ils bloquent les carrefours. On a essayé d'en faire des ultras politisés d'ultra-droite, mais ce qui était intéressant c'est justement qu'ils n'étaient pas marqués dans un sens ou dans l'autre. » Le premier avocat qu'elle a contacté pour sa défense était d'ailleurs un avocat Gilet jaune, pilier du mouvement, plutôt très à gauche, David Libeskind. La mayonnaise n'a pas pris entre les deux, et c'est un avocat très marqué à droite pour le coup, Frédéric Pichon, avocat de La Manif pour tous, proche du Rassemblement national, qui a pris le relais. Pendant les manifestations, elle n'est jamais descendue dans la rue : « J'ai peur de la foule et de la violence », commente-t-elle. La violence de la rue, peut-être, pas celle de l'écrit, si on en croit cet extrait tiré de sa page Facebook, retrouvé par le journal *Libération* : « On va tous les exécuter, Macron, son gouvernement, les autres avant, tous les dirigeants de l'UE, les anciens, les nouveaux, il n'en manquera aucun. Giscard, Chirac ont intérêt de se dépêcher de crever. On va venger les Vendéens et le roi et la reine. À MORT LA RÉPUBLIQUE ! À MORT LES COLLABOS ! » Difficile d'imaginer cette femme aux manières délicates, avec ses tenues fleuries, sa natte blonde de jeune fille, son amour de la poésie et des animaux, écrire un post d'une telle violence. Elle se justifie : « C'était dans un contexte où tout le monde écrivait n'importe quoi. » Je réplique que « non, pas tout le monde ». Elle insiste : « Il ne faut pas prendre ce que j'ai écrit au pied de la lettre, on a le droit d'écrire au second degré ! » Natacha, pur produit de notre époque, pense qu'on peut être respectueux dans la vie, et sans limites sur internet, en toute impunité.

Elle aurait vraiment souhaité que les Gilets jaunes renversent la table, « qu'ils franchissent la grille de l'Élysée, qu'on nous refasse 1789, qu'un tribunal populaire juge tous ces gens. » Mais dans la foulée, elle précise « qu'on ne construit jamais rien de bon sur la violence. Notre système ne marche pas, justement parce qu'il s'est bâti sur l'injustice et sur un génocide ». Un génocide ! On se demande lequel, elle précise : « Les Vendéens, les aristocrates, les curés. » Comme les Gilets jaunes, elle veut « qu'on redonne le pouvoir au peuple ». Sa colère face à l'injustice sociale, aux privilèges des nantis, revient en boucle. « On est des sans-dents, comme dirait François Hollande, des gens qui ne sont rien… Moi, je suis fière de faire partie des gueux. Je n'oublierai jamais ce qu'ils ont fait aux Gilets jaunes. Ce n'est ni oubli, ni pardon ! Cette injustice me rend malade et me plonge même dans une tristesse que vous n'imaginez pas. Ils nous piétinent. On doit se taire, on ne peut que se faire écraser, fermer nos gueules. Les référendums ne servent à rien. Combien de temps va-t-on les laisser continuer ? Ils sont malveillants à l'égard du peuple. » Quand elle parle de la morgue des élites, son visage fin se durcit, sa bouche grimace, et la rage jaillit. Elle ne vient pourtant pas d'une famille pauvre. C'est le spectacle du monde tel qu'il va, à ses yeux, qui semble l'avoir peu à peu radicalisée.

Et comme pour de nombreux défiants, c'est la crise sanitaire qui a achevé de la faire basculer. Natacha dénonce les privations de liberté, la mise au ban brutale de ceux qui, comme elle, n'ont pas voulu se faire vacciner. Comme la plupart des défiants, elle dit « injecter ». Pour elle, le vaccin n'a été qu'un moyen d'enrichir les labos. « Ou pire », souffle-t-elle, sans vouloir préciser. « En 2020, c'était être complotiste de dire que le virus s'était peut-être échappé du laboratoire de Wuhan. Deux ans après, on nous dit que c'est sans doute le cas. Comment voulez-vous avoir confiance après cela ? » Elle pense que les élites se sont protégées, « comme toujours », et évoque Jean Lassalle, l'ex-député proche des Gilets jaunes : « Il a affirmé à plusieurs reprises que Macron n'avait pas été injecté. Et il n'y a pas eu de plainte contre lui ! C'est bien la preuve que ce qu'il a dit est vrai. » Comme la plupart de ceux qui ont pris position contre le vaccin avec ARN messager, elle refuse d'endosser l'étiquette « antivax » : « Je suis contre CE vaccin, qui n'en est pas un. Contre les onze vaccins obligatoires aussi, qui servent juste à engraisser l'industrie pharmaceutique, au détriment de la santé des enfants. » Sur sa page, elle a farouchement défendu Didier Raoult, Christian Perronne et tous les scientifiques antivaccin à ARN messager, ce qui lui a valu de voir sa page fermée. Elle ne le vit pas mal. Avoir sa page Facebook suspendue, c'est un passage quasi obligé dans le monde des défiants. Presque un label de résistance.

Natacha Rey avoue qu'elle a perdu ses repères dans la société d'aujourd'hui. « J'ai mal de voir mon pays changer comme il le fait. Je ne suis pas homophobe, ni transphobe, contrairement à ce qu'on dit de moi. Mais je n'aime pas cette volonté de tout globaliser, de détruire les repères culturels, identitaires. Pourquoi veulent-ils tout déconstruire à ce point ? Mon neveu, qui est en primaire, dans une école privée catholique, est revenu un jour en disant : "Maman, peut-être que ce serait mieux si j'étais une fille ?" C'est inadmissible de mettre des idées comme celle-ci dans la tête des enfants ! Ils disent qu'on est des gens repliés sur nous-mêmes, des gens enfermés, des gens moisis, alors que j'ai toujours eu une grande ouverture d'esprit. Moi, j'accepte toutes les différences, toutes les religions. Je n'ai jamais ressenti le moindre sentiment naturel de racisme, mais j'estime que les frontières sont nécessaires aux pays et que chacun a sa culture, sa race, sa religion, sa langue. » Elle est même revenue à la religion catholique, ajoute-t-elle, « à force de voir la folie de notre monde ».

Pour elle, « les valeurs sont inversées », les élites dévoyées. Elle a dans la tête une liste de toutes ces affaires de violences sexuelles, notamment de pédocriminalité, impliquant des notables. Comme ce magistrat, ancien vice-président du tribunal de Dijon, jugé en 2022 pour « instigation, non suivie d'effet, à commettre des violences sexuelles » sur sa fille alors âgée de douze ans. Sur un site web échangiste, il offrait, avec moult détails sordides, sa fille en pâture à des inconnus. « Condamné à deux ans avec sursis, vous trouvez ça normal, Emmanuelle ? » Elle évoque

Olivier Duhamel, universitaire longtemps abrité derrière son statut d'intellectuel parisien. Sa belle-fille, Camille Kouchner, a décrit dans un livre qui a fait date[1] combien le petit monde germanopratin avait fermé les yeux sur les rumeurs concernant l'inceste commis sur son frère par leur beau-père. Natacha s'interroge comme beaucoup de monde sur les circonstances de la mort de la belle-sœur d'Olivier Duhamel, l'actrice Marie-France Pisier, qui était la seule à dénoncer les faits autour d'elle, et qui a été retrouvée au fond de sa piscine, le pied coincé dans une chaise… L'enquête a conclu à un suicide. « Est-ce que toute l'affaire est éclaircie ? Ces gens qui savaient et qui n'ont rien dit, rien ne leur est reproché aujourd'hui ? » Natacha me parle beaucoup, énormément, de pédocriminalité pendant ces deux jours. Je me suis souvent demandé pourquoi ce sujet était si présent chez les défiants. Tristan Mendès France, maître de conférences à Paris-Cité, membre de l'Observatoire du conspirationnisme et figure haïe des défiants contre lesquels il ferraille fougueusement sur X, m'a répondu ceci quand je lui ai posé la question : « La pédocriminalité étant un des pires crimes, il suscite un sentiment d'urgence, d'indignation, une nécessité de relayer l'information, une virulence toxique, inquisitoriale, qui transforme les porteurs de croyance en croisés exaltés, et abaisse le seuil de raison de celui qui entend les

1. Camille Kouchner, *La Familia grande*, Paris, Le Seuil, 2021.

thèses. L'horreur justifie de partir dans un combat absolu, même violent. » J'entends. Et de fait, je constate combien ce sujet fait basculer Natacha Rey, de tempérament plutôt pacifique au premier abord, dans des propos d'une grande violence. Une violence née aussi, me semble-t-il, du sentiment justifié que dans ces affaires, que les victimes soient mineures ou pas, les auteurs ont bien souvent été protégés par leur pouvoir et leur notoriété. Cette impunité réelle de certains puissants éclate aux yeux de tous aujourd'hui avec les affaires #MeToo. Et Natacha a en tête la liste officieuse des potentiels criminels aux noms connus, pas encore dénoncés, ni poursuivis, ni sanctionnés. « Il y a tant à découvrir encore, au plus haut niveau. Pourquoi vous ne sortez pas leurs noms, Emmanuelle ? Vous êtes censurée ? » Je lui réponds que j'ai enquêté, comme nombre de mes confrères, sur certaines de ces affaires. Si je n'ai parfois pas publié, c'est uniquement par manque de preuve, pas par censure ni par inféodation au pouvoir. Nous sommes régis par des règles de droit, présomption d'innocence, respect de la vie privée, risque de diffamation. Pour transgresser ces règles, nous avons besoin au minimum que la victime sorte de l'anonymat, qu'elle porte plainte auprès de la justice, ou encore qu'il y ait plusieurs témoignages pour conforter le sien. Longtemps les victimes se sont tues, nous réduisant nous aussi, les journalistes, au silence. Maintenant, elles parlent plus facilement, et on les relaie. Pendant que j'argumente, convaincue et passionnée, je sens bien que Natacha me regarde avec circonspection. « Et la justice ? Vous trouvez qu'elle fait son travail ? »

Elle évoque Jeffrey Epstein, l'homme d'affaires américain accusé d'avoir agressé sexuellement des jeunes filles mineures, dans le cadre d'un trafic sexuel organisé avec sa compagne, Ghislaine Maxwell, notamment sur une île qu'il possédait. En 2019, dans son « petit carnet noir », les enquêteurs ont retrouvé près de 2 000 noms, parmi lesquels de nombreux puissants de ce monde. Jeffrey Epstein devait passer devant la justice américaine en 2020, une enquête avait aussi été ouverte à Paris, où il possédait des appartements. Mais en août 2019, il a été retrouvé pendu dans sa cellule new-yorkaise. Cette mort a provoqué un scandale, de fortes interrogations, et même une enquête. « Epstein ne s'est pas suicidé » est devenu un « mème » populaire sur les réseaux sociaux. Certains pensent que, parce qu'il en savait trop, il a été assassiné. D'autres suspectent que sa mort serait une mise en scène et qu'il vivrait des jours heureux, caché quelque part. Trois ans plus tard, c'est Jean-Luc Brunel, agent de mannequins français, proche d'Epstein et accusé lui aussi dans cette affaire, qu'on a retrouvé pendu dans sa cellule. « Vous ne vous étonnez pas de tous ces suicides, Emmanuelle ? s'énerve Natacha. Et tous les puissants du monde dont on retrouve les noms sur ses listes… personne ne les embête ? » Parmi ces contacts, tous ne sont évidemment pas impliqués dans le trafic sexuel. Le prince Andrew, dont le nom circulait, a en tout cas conclu un accord financier avec une femme qui l'accusait de l'avoir agressée sur la fameuse île, lorsqu'elle était mineure, et il a été privé de ses distinctions militaires par sa mère, la reine d'Angleterre. En janvier 2024, un juge américain a rendu publics 180 nouveaux noms. Cinq ans après son explosion, l'affaire passionne toujours autant. De fait, elle pose beaucoup de questions. Et nourrit l'amertume de Natacha qui, comme beaucoup, y voit « un symbole de l'impunité mondiale des puissants ».

La genèse du couple Macron vient s'inscrire, chez Natacha, au cœur de cette amertume. « Ils se sont rencontrés quand il était en troisième, elle est devenue sa prof de théâtre quand il était en seconde, il avait quatorze ans encore, car il est né en fin d'année, en décembre, et elle trente-neuf ans. » Natacha, comme nombre de défiants que l'on peut lire sur internet, compare l'histoire de Brigitte Macron à celle de Gabrielle Russier. En 1969, à la suite d'une liaison avec un de ses élèves âgé de seize ans, l'enseignante de trente-trois ans est condamnée à un an de prison avec sursis pour enlèvement et détournement de mineur, et se suicide dans son appartement marseillais. Un film a été tiré de cette tragédie, *Mourir d'aimer*[1]. L'histoire a aussi inspiré une chanson éponyme à Charles Aznavour. « Vingt

1. *Mourir d'aimer*, film franco-italien d'André Cayatte, sorti en 1971.

ans après Gabrielle Russier, Brigitte Macron, elle, n'a pas été virée de son établissement et n'a pas été jugée, s'étrangle Natacha. Et parce qu'elle s'appelle Brigitte Macron, on demande aujourd'hui aux Français de trouver son histoire formidable ? Alors que pour les mêmes faits, avec des citoyens de base, ils seraient jugés toxiques, voire criminels ! »

Natacha estime l'histoire de Brigitte Macron encore plus grave, puisqu'elle cacherait un mensonge sur son genre, des falsifications de papiers d'état civil, et donc un mensonge d'État, rien de moins. Des accusations graves, qui lui valent une procédure en diffamation, mais qu'elle maintient mordicus. Elle en a bien d'autres encore, qu'elle n'a pas dites publiquement, qu'elle me lâche par bribes, à demi-mot, parce qu'elle sent bien que je vais sursauter : « Et si Brigitte n'avait pas été sur le chemin d'Emmanuel par hasard ? » ; « Et s'il/elle avait mis Emmanuel sous emprise ? » ; « Et si certains, connaissant l'histoire, en profitaient aujourd'hui pour tirer les ficelles ? ».

Ça dérape fort, pendant qu'elle picore sa ratatouille vegan. Natacha mange très peu. « Souvent, je ne fais qu'un repas par jour. Je n'ai pas très faim, et puis ça fait des économies », commente-t-elle. Pendant des années, elle a travaillé dans la petite société de son copain, qui commercialisait des préparations aux huiles essentielles. « J'adorais ça. » Après sa séparation, elle a emménagé dans cette petite ville, où je l'ai rejointe, pour se rapprocher de sa famille, mais elle n'a pas retrouvé d'emploi. Elle a été au chômage, vit maintenant des aides sociales. Elle a bien postulé à quelques annonces, dont un emploi dans une boutique de CBD, « mais on me demandait de fumer des cigarettes électroniques et de tester les produits, que je devais en plus acheter ! ». Au fond, on le sent bien, elle n'a surtout pas eu très envie de retravailler, trop happée par son affaire, devenue obsessionnelle. Celle-ci ayant coïncidé avec sa séparation et la perte de son travail, elle y a mis tout son temps. Telle une chercheuse qui se plonge dans sa thèse, elle a travaillé des semaines, des mois, et finalement trois ans sur son sujet. Elle est devenue experte en vie de Brigitte Macron. Et semble bien en avoir oublié la sienne. Elle a dérivé, de plus en plus loin, dans le monde des défiants. Et a vrillé. Elle s'est isolée devant son écran, marginalisée socialement, coupée de ses proches. Son ex-copain, avec qui elle a gardé de bons contacts, la soutient dans sa démarche, mais dans sa propre famille, seule sa grand-mère la suit vraiment. Ses parents vivent mal l'affaire, « ils ont même subi une perquisition chez eux, un choc ! C'est aussi pour eux que je veux rester anonyme, en ne montrant pas mon visage ». Sa sœur a coupé les ponts avec elle « par peur d'être mêlée à tout ça. Elle refuse que je voie son fils, mon neveu, avec lequel j'étais très liée. Je me retrouve exclue des Noëls familiaux, c'est très dur ». Elle soupire. « Il faut vraiment que je sois relaxée par la justice, sinon jamais elle ne voudra que je revoie son fils. » Pendant notre entretien, le ton alterne souvent entre fragilité et agressivité. Natacha explique qu'elle « a toutes les raisons d'arrêter, personne ne voudrait d'une notoriété où on dit partout que vous êtes une allumée », mais martèle juste après qu'elle ira « jusqu'au bout pour être réhabilitée. C'est mon honneur qui est en jeu. Qu'on dise que je ne suis pas une folle, ni une menteuse ».

Quand je reprends mon train après ces deux jours, je songe que cette femme si représentative des défiants, aussi sincère qu'enfermée dans sa logique, prise au piège de sa propre colère, a beaucoup à perdre dans ce combat fou.

\- 3 -

La quête

7 mai 2017. Emmanuel Macron gagne l'élection présidentielle au second tour contre Marine Le Pen, avec 66,1 % des suffrages. Natacha Rey regarde l'effervescence de loin, de son Sud-Ouest tranquille. Ça fait bien longtemps, on l'a compris, qu'elle n'attend plus rien des politiques. Elle trouve juste Brigitte « bizarre ». Les journalistes sont d'autant plus nombreux à enquêter sur Emmanuel Macron qu'ils le connaissent mal. Le candidat à la présidentielle a fait une percée fulgurante dans le monde politique, et le couple qu'il forme avec une femme beaucoup plus âgée intrigue tout particulièrement. « Je tombe sur des articles qui me mettent la puce à l'oreille », raconte Natacha. On y écrit qu'André, parfois appelé aussi André-Louis, son premier mari, est introuvable. « Je ne connaissais pas sa vie,

je trouvais étrange cette histoire de mari invisible. Je me suis dit : “Et s’il n’avait jamais existé ? Même les journalistes anglo-saxons n’ont pas retrouvé sa trace !” » Sur internet, elle voit passer les attaques – d’une violence inédite – contre la Première dame. On la compare à Amanda Lear, à Patrick Juvet, ou même à un singe. On raille son style – bronzage et talons aiguilles. Dans un couple, la différence d’âge passe sans questionnement quand c’est l’homme le plus âgé. Personne n’a attaqué l’ex-président des États-Unis Donald Trump sur son couple, où l’on trouve exactement le même écart d’âge que chez le couple Macron. Mais chez ce dernier, c’est la femme la plus vieille. Et dans ce sens, pour certains, manifestement, cela passe mal.

Natacha suit régulièrement l’émission d’Amandine Roy « Médiumnisation » et ses prophéties au vitriol sur les élites corrompues de ce monde. Ce soir-là, comme déjà évoqué, Amandine prédit qu’Emmanuel tombera, avant la fin de son mandat, certes, mais à cause de sa femme. « Ça a fait un déclic, se souvient Natacha. Je me suis dit que mon intuition était bonne, que j’étais sur la bonne voie. » La jeune femme se lance alors dans les profondeurs d’internet, à la recherche d’elle ne sait pas encore quoi. Elle commence par une analyse minutieuse de cette morphologie qui l’interpelle. De son ordinateur, n’importe quel citoyen peut chercher, récupérer des photos, les agrandir, les faire coloriser… Au fil des semaines, elle se constitue une photothèque de toutes les parties anatomiques de Brigitte Macron, mâchoire, yeux, oreilles, pieds, arcades sourcilières, nuque, mollets, décolleté. Elle compile, engrange, compare, et se forge une conviction : « cette morphologie n'est pas celle d'une femme ». Une sortie d'avion venteuse, avec les cheveux qui se soulèvent ? Elle repère une supposée calvitie, et les agrafes qui tiendraient la perruque. Un faux pli sur sa robe ajustée quand elle danse ? Elle montre le renflement supposé d'un pénis. « Je vous défie de trouver une femme qui lui ressemble », répète-t-elle inlassablement. En ajoutant presque immuablement : « Ah si ! Il y en a une : Amanda Lear. Qui est un trans. » La chanteuse a démenti la rumeur moult fois. Mais Natacha n'a aucun doute. Elle nous montre le document officiel du ministère de la Culture où est inscrit le vrai nom de l'artiste, lorsqu'elle a été faite chevalier des Arts et des Lettres, en 2006 : Amanda Tapp. Natacha fait le rapprochement avec un certain « Alain Tapp », dont elle a récupéré la photo sur internet, un travesti qui aurait performé en drag-queen à la fin des années 1950 sous le nom de Peki d'Oslo. « Vous allez encore m'accuser d'être transphobe, je ne le suis pas. Ce que je ne supporte pas, c'est le mensonge. »

Natacha découvre vite au fil de ses lectures que le couple Macron utilise pour sa communication les services d'une femme, Michèle Marchand dite « Mimi », directrice d'agence de photos people, papesse des paparazzis… En 2017, le soir de l'élection, on la voit, dans le petit cercle de fidèles réunis autour du désormais président de la République, lever les bras au moment de la victoire. Au début du mandat, comme l'ont écrit mes confrères de *L'Obs*[1], elle était là tous les jeudis, à la réunion élyséenne sur la communication de la Première dame, dont elle serait devenue la confidente. L'Élysée aurait ensuite pris ses distances après la parution d'un livre sur elle[2]. Cette drôle de femme aux méthodes controversées, ex-tenancière de boîte de nuit, ex-compagne de malfrat, a même fait quelques jours de prison. Pour Natacha, pas de doute : « Ils font appel à elle parce qu'ils ont des choses à cacher, sinon ils ne le feraient pas. » Si le couple Macron a besoin de ripoliner son histoire avec l'aide d'une telle communicante, c'est que celle-ci serait « sale, et peut-être encore plus qu'on ne l'imagine », songe Natacha. Rien n'attire plus le défiant que l'odeur de la peinture fraîche. Derrière la couche, il suspecte des fondations pourries. Alors il gratte.

Natacha est une défiante, elle gratte, traque les failles dans quelques-unes des biographies consacrées au couple[3], notamment *Il venait d'avoir dix-sept*

1. « L'entremetteuse de la République », *L'Obs*, 23 décembre 2021.
2. *Mimi*, de Jean-Michel Décugis, Pauline Guéna et Marc Leplongeon, Paris, Grasset, 2018.
3. *Brigitte Macron, l'affranchie*, de Maëlle Brun, Paris, L'Archipel, 2018 ; *Il venait d'avoir dix-sept ans*, de Sylvie Bommel, Paris, JC Lattès, 2019.

ans, de Sylvie Bommel, et *L'Affranchie*, de Maëlle Brun, qu'elle décortique ligne à ligne. L'histoire du couple Macron a commencé, on le sait, lorsque Emmanuel Macron était mineur. Quand a débuté la liaison amoureuse ? Seuls les deux protagonistes le savent. Les chiffres et les dates sur le début de leur relation, et même sur leur différence d'âge, varient d'une biographie à l'autre. Ce flou, Natacha en est sûre, est « volontaire, orchestré pour rendre l'histoire présentable aux électeurs. Tout le monde le dit, ce sont des champions du *storytelling* ». Emmanuel pose dans les magazines en patriarche avec les enfants de Brigitte « alors qu'ils sont de la même génération et on nous fait bien savoir qu'il se fait appeler "daddy" par les petits-enfants de Brigitte, comme s'ils étaient les siens ! ». Elle note qu'André, le premier mari de Brigitte, est « zappé ». « Et ils font passer le message aussi que c'est le jeune Emmanuel qui a réussi à séduire sa prof. Et pas l'inverse. »

Dans sa démonstration, elle doit prouver que Brigitte n'a pas d'existence de petite fille, puisqu'elle serait née garçon. Elle relève que le matériel recueilli par les journalistes sur l'enfance de Brigitte Macron est pauvre. Les photos d'enfance, rares. L'école du Sacré-Cœur, où la Première dame a étudié, n'aurait pas gardé les archives des photos de classe. « Il y a des photos de classe d'Emmanuel, il n'y a AUCUNE photo de classe de Brigitte, s'étonne-t-elle. Normalement, quand quelqu'un de connu surgit, il y a toujours quelqu'un pour dire "J'ai été en classe avec elle", et montrer une photo. »

Un documentaire, titré *Brigitte Macron, un roman français*[1], a été réalisé sur la vie de la Première dame. Natacha le passe au crible. À part une poignée de photos, elle y décèle beaucoup d'images « prétextes », ou dites « d'illustration ». Par exemple, « l'homme qui tond la pelouse dans la maison familiale n'est pas le mari de Brigitte, André, contrairement à ce que l'on pourrait croire intuitivement ». Natacha a retrouvé son identité : c'était le propriétaire de la maison. Le documentaire montre aussi une courte séquence vidéo d'une petite fille qui danse… « Là encore, ce n'est pas Brigitte. » Et cette photo des parents Trogneux entourant un enfant « qui ne peut être Brigitte non plus, car ils sont trop âgés par rapport à elle ». Il se trouve que Virginie Linhart, la réalisatrice du documentaire, a été interrogée sur ces archives, le 13 juin 2018 sur Europe 1. Cette interview filmée a circulé sur les réseaux sociaux jusqu'à Natacha, dont le radar averti capte tout. « On voit que la réalisatrice ne répond pas, elle est mal à l'aise. » Sur Europe 1, la réalisatrice reste assez silencieuse, mais le 7 juin 2018, dans *L'Obs*, elle a expliqué franchement s'être retrouvée face à une « chape de plomb » sur la vie de Brigitte Macron, en précisant : « Tout ce qui concerne sa vie d'avant, c'est le black-out total. » J'explique à Natacha que la documentariste a donc été

1. Film documentaire réalisé par Virginie Linhart en 2018.

obligée de compenser le manque de vraies archives familiales par des images d'illustration, ce qui arrive fréquemment et n'a rien de surprenant. Pendant nos longs échanges, j'argumente. Ne peut-elle comprendre que Brigitte Macron n'ait pas envie d'étaler au grand jour des images privées ? Peut-être n'aime-t-elle pas son image d'elle jeune, trop en décalage avec celle d'aujourd'hui ? Et même si certaines photos avaient été un peu « arrangées », photoshopées, serait-elle la première à le faire ? Peut-être son passé est-il trop douloureux pour être exposé ? Surtout s'il ne colle pas avec l'image de son couple actuel ? Dans le livre de Maëlle Brun, que Natacha a lu, on peut voir que l'arrivée d'Emmanuel Macron dans la vie de Brigitte n'a pas été aussi simple que l'histoire souvent racontée dans les magazines. La biographe évoque des « lettres anonymes », des amis qui se détournent, des « tensions extrêmement vives » dans une famille Trogneux « scandalisée », des frères et sœurs qui ne lui parleront plus pendant des années, et un mari dévasté. Et puis enfin, même s'il y a des zones d'ombre, comme il peut y en avoir dans toutes les familles, n'a-t-elle pas le droit de les préserver ? Natacha n'entend pas : « Ils ont menti. »

Les biographes ont retrouvé d'anciennes amies de jeunesse de Brigitte, dont les témoignages, là encore, ne suffisent pas à convaincre Natacha. « Ils sont tellement contradictoires qu'on ne peut pas en conclure si Brigitte était extravertie ou sage, jolie ou pas, et la plupart sont anonymes en plus ! » Je lui dis que des témoignages, surtout quand ils portent sur des périodes si lointaines, sont subjectifs, et qu'il n'est pas confortable par ailleurs de témoigner sur une femme de pouvoir comme Brigitte Macron, même si c'est juste pour dire qu'elle n'avait pas les dents alignées. Cela ne signifie pas nécessairement que ces témoins n'existent pas, ni qu'ils ne sont pas sincères. Elle n'en démord pas. « Soit ces témoins sont anonymes, donc invérifiables, s'entête-t-elle, soit ils ont pu être envoyés par l'Élysée. Les témoignages s'achètent. » Elle ne croit pas à la bonne foi des biographes de Brigitte, qu'elle imagine au mieux, bâillonnées, ou au pire, complices. Elle a retrouvé la ligne directe de certaines, a laissé des messages, rêve de les confronter, me supplie même de décrocher des rendez-vous avec elles. « Si Bommel ne répond pas à votre appel et au mien, nous la ferons de toute façon convoquer chez la juge d'instruction, m'écrit-elle sur Telegram. Comme ça, elle pourra nous expliquer toutes ses nombreuses erreurs et ses faux renseignements, jamais corrigés ou démentis par la principale intéressée et la famille Auzière, et nous donner les noms de ses fameux témoins anonymes, même si aucune ancienne camarade de classe ne figure parmi eux, étrangement. »

Dans sa démonstration, Natacha doit composer quand même avec quelques traces *a priori* irréfutables d'une existence réelle de Brigitte Macron jeune. Comme ce cliché en noir et blanc, sur lequel la petite fille de onze ou douze ans pose en jeune communiante. Pourtant, là encore, Natacha trouve à y redire : « J'ai tout de suite vu que ce n'était pas Brigitte, mais sa fille Tiphaine, ses yeux noisette, la forme de sa bouche, aucun doute. » Elle affirme même que « la photo était en couleur originellement, elle a été vieillie artificiellement ». Une autre photo retient toute son attention : celle du mariage de Brigitte Trogneux et André Auzière, en juin 1974, publiée dans les journaux locaux d'Amiens et du Touquet. « Les prénoms des mariés n'y sont pas indiqués, ce qui n'arrive sur aucune autre annonce de mariage, je l'ai vérifié sur des dizaines d'annonces sur plusieurs mois ! » Elle m'en envoie plusieurs, pour preuve. Je lui dis que le monde de la presse n'est pas parfait, qu'il peut y avoir, une fois, un stagiaire qui oublie d'indiquer des prénoms. L'idée du stagiaire fait rire Natacha, qui dorénavant, face à chaque bizarrerie, réelle ou supposée, ironisera : « Encore un coup du stagiaire, Emmanuelle ? » Pour elle, toute erreur, toute imperfection devient preuve. Natacha a colorisé le cliché du mariage de 1974 via un logiciel de généalogie amateur, et l'a fait expertiser par un défiant photographe. Le retour a été catégorique : ce serait un montage, les mariés et leurs quatre beaux-parents n'auraient pas posé ensemble. Pour Natacha, le doute n'est plus possible : le beau brun marié ne serait pas André, et cette jolie mariée blonde au sourire doux, au visage rond, aux jolies dents bien alignées, ne POURRAIT pas être Brigitte. Et puis il y a aussi cette photo de famille, où les parents de Brigitte, encore jeunes, posent avec leurs six enfants : selon les journaux, on y voit Brigitte bébé avec ses trois sœurs et ses deux frères, dont un jeune d'une dizaine d'années, qu'on suppose être Jean-Michel. La même photo apparaît dans le documentaire « Un roman français » et dans plusieurs médias – *VSD, Gala, Paris-Match, Télé Star* –, mais avec des différences, comme dans le jeu des sept erreurs : Jean-Michel n'est pas toujours sur la photo, ou encore l'abat-jour derrière lui disparaît. « Mais quel intérêt d'enlever un abat-jour en arrière-plan ? Et, plus incompréhensible encore, de faire disparaître un des enfants de la photo ? » Ces questions obnubilent littéralement Natacha. « Vous allez encore me dire que c'est un stagiaire ? »

Un autre « mensonge » retient son attention : une photo circule sur internet depuis l'élection de 2017. Elle montre Brigitte à côté d'un homme chauve, barbe blanche en collier, présenté comme étant son mari André, et devant le couple, Emmanuel Macron, enfant. La photo est sous-titrée « Le MARI, l'ÉPOUSE, et l'AMANT ». Cette photo est un trucage, comme l'a révélé *Libération* en 2018. Le visage d'Emmanuel Macron a été ajouté grossièrement. *Libération* s'est posé la question de l'identité de l'homme à la barbe blanche, et a interrogé François Ruffin, oui, le politique de La France insoumise, lui-même originaire d'Amiens, qui a reconnu son ex-prof de français du lycée. L'homme au collier blanc n'est donc pas André, mais un collègue de Brigitte Macron. La photo du « couple » a néanmoins continué d'être utilisée par certains sites people. Sur l'un d'eux, Starmag, la photo est créditée Bestimage. Bestimage, l'agence de Mimi Marchand, a donc fourni cette photo. Une agence indique toujours le nom des personnes qui apparaissent sur les images qu'elle vend, et le contexte – lieu, date – dans lequel la photo a été prise. Et on l'imagine volontiers, surtout lorsqu'il s'agit de la femme du président de la République. En tout état de cause, « l'Élysée n'a pas démenti », s'étonne Natacha, qui ne s'en étonne pas vraiment d'ailleurs. Comme toujours, elle y voit un signe délibéré.

André, le mari fantôme, obsède littéralement Natacha. De fait, les biographes de Brigitte soulignent le mystère. J'en ai rencontré trois, Maëlle Brun, Sylvie Bommel et Candice Nedelec, et les trois avouent avoir buté sur un mur de silence en cherchant à creuser cette partie de la vie de Brigitte Macron.

Dans son livre, Sylvie Bommel s'étonne : « Qu'un homme ayant exercé une activité professionnelle de cadre supérieur dans le secteur bancaire puisse disparaître des radars à ce point est surprenant. À moins qu'une société spécialisée dans le nettoyage du net n'ait été mandatée pour y faire le ménage. Ce n'est qu'une supposition, comment prouver le néant ? écrit-elle. On se croirait dans un épisode de *Black Mirror* où les officines du président auraient trouvé le moyen de pénétrer dans les cerveaux des anciennes connaissances pour tout y effacer. » Autant dire que Natacha boit du petit-lait en lisant ces lignes. La biographe s'est même fendue d'un sketch, sur scène, lors d'un spectacle *live* pour les journalistes, où elle raconte avec humour sa quête impossible d'André, comment elle a fini par retrouver sa trace en fouillant dans d'anciens annuaires téléphoniques, puis sa photo de mariage dans un exemplaire numérisé de l'hebdomadaire *L'Écho du Touquet*. Cette fameuse photo de mariage de 1974, au sujet de laquelle Natacha nourrit tant de doutes.

Si André est si difficile à trouver, selon les biographes, c'est parce que l'Élysée le cache. Et si l'Élysée le cache, c'est pour le protéger, parce qu'il aurait voulu se faire oublier, après sa séparation douloureuse avec Brigitte. « Il a été ultra-protégé par ses filles pendant la campagne, me dit Maëlle Brun, qui travaillait alors à la rédaction du magazine people *Closer*, habitué à fouiller la vie des célébrités. Dès l'arrivée du couple à l'Élysée, ajoute-t-elle, on a commencé à chercher André. Et il n'y avait déjà plus aucune trace de lui sur internet. Il a été effacé. » Mais Natacha, elle, croit dur comme fer à une autre thèse : André n'aurait tout simplement pas existé. Il ne serait qu'un leurre, fabriqué par les services secrets pour cacher la réalité : Brigitte ex-Trogneux ne serait pas la mariée de la photo de 1974, puisqu'elle était encore un garçon, à l'époque.

Encore faut-il le prouver. Natacha est bloquée dans son « enquête ». Si Brigitte a changé de sexe une fois adulte, comme elle en est persuadée, qui était-iel avant sa transformation ? « Je ne trouvais pas d'explication, j'ai perdu du temps, je n'y arrivais pas, racontera-t-elle lors de l'émission d'Amandine Roy. Jusqu'au jour où j'ai agrandi une photo de famille, dans laquelle posait son frère, Jean-Michel. J'ai beaucoup regardé Jean-Michel et j'ai pris une photo de Brigitte, j'ai accolé les deux et là, eurêka ! Je venais d'avoir la réponse à la question que je me posais depuis des semaines et des semaines, tout s'est éclairé, j'ai compris : même nez, même bouche, même sourire, même menton, tout colle exactement, même encore aujourd'hui, alors que sur la photo, il doit avoir dix, douze ans maximum. » Et c'est ainsi que Brigitte est devenue Jean-Michel dans la tête de Natacha, et qu'elle le sera trois ans plus tard dans celle de centaines de milliers de Français ayant écouté sa thèse.

Natacha se met à chercher les traces de Jean-Michel. Il a une adresse téléphonique à Amiens, elle appelle sans cesse le numéro fixe, personne ne répond jamais. « C'est bien la preuve que l'adresse est fictive », conclut-elle. Natacha fouille dans la vie de Jean-Michel, ses sociétés. De fait, c'est un homme discret. Il a géré une boutique de confiserie familiale, à Beauvais, qui a fermé. Il n'apparaît pas dans l'organigramme des directeurs de l'entreprise. À deux reprises, Natacha effectue une demande d'acte de naissance, à Amiens. Et deux fois, la ville lui répond négativement. Elle nous montre les courriers. « Vous voyez qu'il y a un problème avec Jean-Michel ! » triomphe-t-elle. Sauf qu'après son émission chez Amandine, deux journalistes indépendants, intrigués, ont réitéré la demande, et obtenu une copie du fameux acte de naissance. On se retrouve donc face à deux explications possibles : soit la mairie s'est trompée deux fois en ne les trouvant pas quand Natacha les a demandés, soit elle a d'abord choisi de ne pas divulguer le document, puis a changé d'attitude face à la médiatisation de l'affaire. Pour Natacha, l'explication serait encore autre : « Et si cet acte de naissance était un faux, créé *in extremis* après la médiatisation ? » Un faux, comme le serait l'acte de mariage de Brigitte en 1974, mais aussi l'acte de divorce de Brigitte et André Auzière en 2006 ? On note que cela ferait beaucoup de faux, et que l'accusation est par ailleurs très grave, c'est d'ailleurs essentiellement sur ce point qu'elle est attaquée en diffamation. Natacha n'y voit rien de rédhibitoire : « C'est si facile à faire, pour le Renseignement. »

Natacha envoie plusieurs mails à la famille Trogneux, sur leur adresse professionnelle, se présentant comme une journaliste indépendante qui s'intéresse à la « généalogie de la famille » et cherche à joindre Jean-Michel Trogneux. Sans réponse. Alors, elle leur tend « un piège », un quatrième mail, titré « Amanda MACARON », mélange de « Amanda

Lear/Macron/macaron » (spécialité de la maison Trogneux). Natacha aime bien rire, elle aussi. Dans son mail, elle écrit : « Je sais tout... La vraie recette des macarons détenue par Jean-Michel, Jean-Louis et Catherine. » Cette fois, et très rapidement, elle reçoit une réponse de la boutique Trogneux : « Ah oui vous savez tout ? Dites-moi tout Natacha, je vous écoute. » « S'ils réagissent, ça veut dire que ce mail les dérange ! » veut-elle croire.

Pour « l'enquêtrice », une partie du puzzle est résolue : Brigitte Trogneux serait en fait Jean-Michel. Il aurait eu les trois enfants Auzière dans les années 1980 avant sa transition de genre. S'il est le père, reste à savoir qui est la mère de Sébastien, Laurence et Tiphaine. Suivre Natacha dans ses recherches, c'est entrer dans une spirale vertigineuse, où toutes les imperfections, les approximations, les bizarreries prennent sens. Et toujours le même sens : celui du mensonge. Dans ce voyage en absurdie, chaque réponse amène une nouvelle question, chaque étape « validée » une nouvelle énigme, une nouvelle supposition toujours plus tortueuse, à laquelle on doit trouver une nouvelle réponse, encore plus invraisemblable, pour ne pas aboutir sur une impasse.

Natacha poursuit sa quête éperdue et tape au hasard des prénoms de femmes, associés au nom « Auzière ». Et un jour, surgit celui de Catherine Auzière, une retraitée de la Japan Airlines, peintre à ses heures, qui habite à Honfleur en Normandie.

Sur la page Facebook de cette dernière, Natacha voit des portraits d'enfants peints par l'intéressée. Et là, « bingo ! », elle est sûre de reconnaître l'une des filles de Brigitte, la blonde Laurence, notamment grâce à une charmante particularité qu'elle a sur la paupière. « Incroyable ! » Elle scanne la page de Catherine ligne par ligne, et découvre dans les commentaires qu'elle est mariée à un « JL », Jean-Louis Auzière, qu'elle retrouve en photo : « Et là, re-bingo ! » Il ressemble fortement, en beaucoup plus âgé bien sûr, au jeune André de la photo du mariage de 1974. Même tignasse brune, sourcils fournis, sourire comme un rictus… « C'est lui ! s'enflamme Natacha. En plus, Jean-Louis est né un 28 février, comme André, ce ne peut pas être un hasard ! » Elle a « trouvé ». Mais trouvé quoi ? On n'y comprend plus grand-chose, à ce stade de la démonstration. « Je pense que Catherine Auzière est la vraie mère des enfants qu'elle a conçus avec Jean-Michel Trogneux, avant qu'il ne se transforme en Brigitte. Et Jean-Louis Auzière est peut-être leur père adoptif. J'ai enquêté sur ce Jean-Louis Auzière, j'ai découvert qu'il avait été médaillé pour services rendus à l'armée, il est sans doute en lien avec les Renseignements. » Diantre ! Je me permets de dire à Natacha qu'à ce niveau-là, cela ferait beaucoup de monde, quand même, à se retrouver impliqué dans un mensonge collectif. Une famille entière, des amis, des voisins qui tous, par centaines, se tairaient ? La thèse paraît non seulement absurde, mais impossible. Pas pour elle.

En juin 2021, Natacha commence à envoyer des messages à Catherine Auzière. « Je sais tout. Absolument tout. Pour vous, pour Jean-Louis, pour Jean-Michel. » Le lendemain, elle en envoie un autre, puis un troisième, un quatrième. Des messages de plus en plus précis, accusatoires et injurieux. « Ce sera dur de nier et de parler cette fois encore de "complotisme", "rumeurs infondées" ou "calomnies" comme le système en a l'habitude dès qu'il est coincé ou que l'on s'oppose à lui. Le dossier Brigitte Macron est aussi épais qu'un bottin », et encore : « Tous les instigateurs de cette imposture auront évidemment des comptes à rendre devant le peuple de France et son tribunal populaire… populiste en langage macroniste ou oligarchique. Tout le monde sait que Macron est pédé comme un phoque ». L'affirmation verse clairement dans l'homophobie. Elle met les photos, détaille sa théorie, multiplie les propos insultants contre Brigitte Macron, « vieux trans pédophile », « Brigitte l'imposteur, la petite fille en trop, prenant la place dans la version racontée à la populace, aux sans-dents, aux "rien ni personne" que l'on peut bien mener en bateau autant qu'on le veut et leur faire avaler n'importe quoi, l'important étant qu'ils ferment leur gueule, obéissent et ne se révoltent surtout pas ». Natacha, tout à son exaltation, persuadée de la légitimité de sa croisade, franchit allègrement la ligne rouge.

11 juillet 2021, Natacha n'a quasiment pas dormi de la nuit, elle termine ses cartons de déménagement.

Elle s'est séparée de son compagnon et a donc décidé de se rapprocher géographiquement de ses parents, de sa sœur et du fils de celle-ci, son petit neveu dont elle très proche, elle qui n'a pas d'enfants. Elle n'a pas vu l'heure passer, il est 13 h 30, elle ne s'est pas encore habillée, n'a pas déjeuné, tout entière occupée à terminer sa tâche, lorsqu'on sonne à sa porte. Elle n'ouvre pas, ça sonne à nouveau, plus longuement. Elle finit par demander qui est là et entend en retour : « C'est la gendarmerie, ouvrez la porte. » Ils sont trois, lui demandent de les suivre : « Ils m'ont dit : "Vous êtes en état d'arrestation." Je leur ai demandé s'ils avaient un mandat, ils m'ont répondu : "On n'est pas dans un film américain." Ils n'ont pas voulu me dire pour quel motif on m'arrêtait. Ils ont attendu que je fasse ma toilette, que je m'habille, ils m'ont encadrée dans l'escalier, et dans la rue, jusqu'à leur fourgonnette, comme une criminelle. J'ai croisé la voisine avec sa chienne… Quand je suis arrivée au commissariat, ils m'ont signifié que j'étais en garde à vue, m'ont fouillée, confisqué mon téléphone portable, et interrogée. Ils étaient misogynes, moqueurs, parfois menaçants, l'adjudant me gueulait dessus : "Qu'est-ce que ça peut vous faire si c'est un homme ? C'est sa vie privée ! Ça ne vous regarde pas." »

Natacha demande un avocat. « Ils m'ont répondu que ça allait retarder l'interrogatoire, que je risquais du coup de passer la nuit au poste. C'était la première fois de ma vie que j'étais en garde à vue, je ne savais pas ce qu'il fallait faire. J'étais obsédée par le fait que j'avais mes cartons à finir, je devais déménager deux jours plus tard. J'étais tellement stressée que j'ai bêtement accepté de répondre sans assistance d'avocat. Au bout de cinq heures, la procureure, avec laquelle ils étaient en lien permanent au téléphone, a fini par donner l'autorisation de me relâcher. Je suis sortie sans aucun moyen de communiquer, puisqu'ils avaient refusé de me rendre mon téléphone, que je n'ai jamais récupéré depuis, malgré plusieurs demandes. Je suis allée chez une voisine pour appeler ma mère. » Avec cette garde à vue un peu surréaliste, le message d'alerte envoyé à Natacha est clair. Au lieu de s'interroger sur les limites de ce qu'elle peut dire et écrire, celle-ci y voit comme une preuve de fébrilité de la partie adverse. « J'en suis sortie encore plus remontée, avec la détermination d'une résistante prête à tous les sacrifices pour défendre sa cause. »

- 4 -

Média Circus

Très vite, Natacha a été convaincue qu'elle tenait une bombe et a cherché à le faire savoir. Elle avait besoin de relais, de soutiens. Début 2021, elle a envoyé un mail à plusieurs médias « mainstream » dont, dit-elle, *Le Canard enchaîné* et *Mediapart*. Elle l'a fait en se bouchant le nez, mais cette presse restait incontournable, à ses yeux, pour légitimer un travail et le faire connaître au plus grand nombre. Elle a attendu les retours, reçu un ou deux coups de fil peu convaincus, des promesses « On revient vers vous », puis plus rien. « Je dois dire que le plus dur n'a pas été l'enquête en elle-même, mais ça a été après, pour trouver quelqu'un pour s'y intéresser, pour prendre connaissance du dossier et pour la publier, confie-t-elle lors de l'émission chez Amandine Roy. [...] J'ai cru que je n'y arriverais jamais. [...] Je désespérais, je n'en dormais pas la nuit, je me disais que je savais tout ça, je ne pouvais absolument pas le garder pour moi-même et je ne trouvais personne ! » Natacha ne peut pas envisager que son travail ne soit pas crédible. Elle veut absolument provoquer la déflagration, dans l'intérêt des citoyens français et de la « vérité ». Si les médias ne réagissent pas à ses sollicitations, c'est par peur, pense-t-elle, elle le dit aussi lors de l'émission : « Il n'y a plus de journalistes qui font leur boulot, ils sont tous morts de trouille parce que alors là, c'est le sujet qu'il ne faut pas... le passé de Brigitte Macron c'est le tabou des tabous, [...] Et même ceux qui se sont posé des questions, qui ont vu qu'il y avait quand même des choses bizarres et tout, ils ne sont pas allés chercher plus loin. »

Les journaux « mainstream » ne veulent pas d'elle ? Tant pis. Natacha se tourne vers les journalistes « dissidents », comme on les appelle chez les défiants. Il y en a un que Natacha aime bien et qui cartonne dans le microcosme : Richard Boutry est un ancien présentateur du journal télévisé « Soir 3 », et ex-directeur exécutif de la chaîne catholique KTO, qui s'est éloigné de plus en plus des rives de l'information pour gagner celles de la « réinformation ». Pendant le Covid, ce catholique exalté aux faux airs de Laurent Delahousse, en plus âgé, fervent adepte de la lumière cathodique, s'est trouvé un créneau : il s'est filmé en train de sillonner la France en camping-car pour prêcher la bonne parole antivax. Il a créé une chaîne de télévision, La Une TV, qui a vu défiler toutes les figures de la « résistance », du médecin Christian Perronne à la généticienne Alexandra Henrion Caude. La chaîne a coulé au bout d'un an, faute de moyens et d'audience, mais sa petite pastille vidéo quotidienne, « La minute de Ricardo », est restée. Gueule burinée de baroudeur, mèche au vent, mine grave, il y multiplie les diatribes survoltées contre les élites corrompues et malveillantes. Il s'est aussi fait remarquer pour quelques « scoops » délirants. Il a ainsi assuré pendant la crise sanitaire que l'État montait des camps pour les enfants malades du Covid. Dernièrement, en octobre 2023, il filmait un impact sur son pare-brise en expliquant avoir été victime d'une tentative d'assassinat. « Vous voyez, notre travail dérange », concluait-il en substance, la mine sombre et le regard brave.

C'est pleine d'espoir que Natacha confie donc son dossier à l'ex-présentateur de « Soir 3 », début 2021. « Il était enthousiaste, se souvient-elle, il m'a promis de m'aider à médiatiser l'affaire, on a planifié une interview. » Mais le matin même, il annule l'interview, prétextant être convoqué par la police. « Depuis, on m'a dit qu'il n'était pas fiable, un peu mythomane, et peut-être même de l'opposition contrôlée », soupire Natacha. Pour un défiant, être accusé de faire partie de l'opposition contrôlée (entendez « contrôlée par l'État »), c'est un peu comme un vegan qu'on accuserait de manger de la viande en douce. L'insulte suprême. Mais dans cet univers où, par définition, tout le monde suspecte tout le monde, c'est aussi très courant. On ne sait pas si Richard Boutry fait partie de « l'opposition contrôlée », en tout cas il ne se sent clairement pas les épaules pour porter un tel dossier. Il refile le bébé à *Faits et documents*, une revue d'information classée à l'extrême droite liée à l'essayiste sulfureux Alain Soral. Xavier Poussard, trente-cinq ans, qui dirige et écrit entièrement cette publication confidentielle, appelle Natacha. Au téléphone, il a l'air dynamique, et efficace. Natacha est soulagée : enfin, un vrai journaliste s'intéresse à son travail ! La collaboration au téléphone démarre en juin 2021, et plutôt bien. Ils sont aussi passionnés l'un que l'autre par l'affaire, plaisantent pas mal – parce qu'il est assez drôle, ce Xavier Poussard, très pince-sans-rire. Cette histoire de Brigitte l'obsède, il s'y plonge. Il emploie des méthodes et bénéficie de moyens qu'elle n'a pas. Un logiciel de reconnaissance utilisé par le gouvernement chinois, Megvii, pour valider les ressemblances de visages, mais aussi des graphologues pour traquer les signatures, des experts pour analyser les potentielles retouches photos, et des volontaires sur le terrain pour aller chercher des informations. Il explique aussi à Natacha avoir des liens privilégiés avec le monde du Renseignement, qui le lirait beaucoup et l'utiliserait aussi pour faire passer des messages.

À partir d'octobre 2021, et sur plusieurs semaines, Xavier Poussard publie son enquête, en cinq volets d'une dizaine de pages chacun, dans laquelle il reprend des affirmations de Natacha et mène plus loin des pistes. Mais il ne résout pas l'énigme, et termine avec au moins autant de questions qu'au début. L'enquête sur « le mystère Brigitte Trogneux » se vend exceptionnellement bien pour un journal confidentiel, mais pas assez néanmoins pour dépasser ce premier cercle. Je n'arriverai pas à savoir les chiffres exacts, j'apprendrai seulement, par Xavier Poussard lui-même, qu'il a pu s'acheter une voiture grâce à ces ventes. Natacha est déçue. En plus, elle n'a pas été rémunérée. « Tous les ennuis ont été pour moi, il n'a même pas été poursuivi judiciairement », soupire-t-elle. Lui réplique qu'elle confond preuve et intuition, qu'il a fait tout le vrai boulot, qu'il ne lui doit rien. Bref, les deux ne se parlent plus.

Natacha se décide donc à aller faire elle-même la promotion de son travail. À l'automne 2021, elle contacte la « médium et lanceuse d'alerte » Amandine Roy, qui vomit – c'est vraiment le mot – sa haine des élites tous les jours, dans une revue de presse mêlant imprécations, gloussements et prophéties. Le mantra de « Médiumnisation », son émission quotidienne, est simple : les élites fomentent d'horribles projets contre les citoyens, ses « guides » la renseignent, elle alerte les citoyens-spectateurs. Parallèlement à ses émissions, elle donne des consultations de voyance à distance, et régulièrement aussi dans un hôtel 4 étoiles du VIIIe arrondissement de Paris. Elle filme ses émissions depuis son petit appartement du centre-ville d'Angers. La médium est restée de longs mois sans répondre à mes messages de demandes de rencontre. Muette. « Elle est très réticente, elle n'a aucune confiance, pour avoir subi comme moi les affres très violentes de la presse », la défend Natacha. J'apprends qu'Amandine Roy va comparaître en janvier au tribunal d'Angers pour une autre affaire que celle de Brigitte : Emmanuel Macron l'attaque parce qu'elle a relayé sur sa chaîne une caricature de lui, grimé en Hitler. Décidément... Cette assignation fait bondir Natacha : « Le Pen et sa fille, qui n'ont jamais violé et tué personne, ont maintes fois été caricaturés en Hitler sans que cela choque les grands défenseurs de la Liberté d'expression. Ce deux poids/deux mesures est insupportable. » Elle me fait suivre une brève annonçant le procès, publiée sur le site de Jean-Marc Morandini. « Quelle hypocrisie ! » m'écrit-elle. De fait, Jean-Marc Morandini est resté animateur sur la chaîne CNews du puissant Vincent Bolloré alors qu'il a été condamné deux fois, pour des faits de corruption sur mineurs commis sur trois adolescents lors d'un casting à domicile, et de harcèlement sexuel sur un jeune comédien. Dans les deux procédures, il a fait appel et demeure présumé innocent. Et en attendant, il continue de parader sur les plateaux. Encore un exemple de dysfonctionnement, terreau fertile pour les défiants qui se plaignent que les élites, notamment médiatiques, ne sont pas sanctionnées à la hauteur où elles devraient l'être.

Ce 8 janvier 2023, je me suis donc rendue au tribunal d'Angers. Amandine était bien présente, silhouette imposante, cheveux blonds coupés ras, sandales à paillettes et ongles vernis. Face aux juges, elle a répondu aux questions avec une humilité qui ne lui ressemble pas, yeux baissés, voix à peine audible, multipliant les « désolée, monsieur le juge ». Dans l'assistance en revanche, des personnes venues la soutenir réagissaient bruyamment aux propos du procureur, obligeant le juge à faire un rappel à l'ordre. À la sortie, ils étaient une dizaine à entourer la médium, une majorité de femmes, comptable, prof ou sans emploi, certaines venues de loin. Des fidèles de son émission. Leurs yeux brillaient, elles riaient fort aux blagues d'Amandine qui avait retrouvé sa voix et sa verve, sur le trottoir. Puisque j'étais là, avec le groupe, elle a accepté de prolonger la conversation avec moi, m'a raconté son parcours, formation universitaire scientifique, un master, et puis la découverte de ce don, qu'elle appelle « médiumnité », « J'ai fini par accepter ce que les "guides" me demandaient de faire, dans ma tête, ils m'ont dit : "Engueule ta télé." » Alors en 2018, elle a créé sa chaîne sur YouTube, et a (en)gueulé les puissants. Pendant ses plus de mille émissions, elle a eu l'occasion d'évoquer régulièrement « le » Brigitte, comme elle aime l'appeler, ça la fait manifestement beaucoup rire : « La masculinité n'est pas une injure. » Pendant notre échange, elle n'a cessé de dire qu'elle était surveillée, épiée en bas de chez elle, en permanence, par des agents qu'elle entendait parler. Je suis repartie après deux heures d'entretien avec le sentiment d'avoir rencontré une femme vraiment perdue dans son combat paranoïaque.

C'est en entendant la médium dans une de ses émissions en 2018 que Natacha s'était lancée dans ses recherches. C'est donc assez naturellement qu'elle revient vers elle trois ans plus tard, pour demander de l'aide. Les deux femmes ne se connaissent pas. On imagine la gourmandise avec laquelle Amandine a accueilli la demande de Natacha. « Médiumnisation » est une émission relativement confidentielle, aucune des deux n'imagine la folie qui va suivre, les 500 000 vues, le *trend* #JeanMichelTrogneux sur Twitter (X), les médias, l'intervention télé de Brigitte... C'est un raz-de-marée chez les défiants. Dans le microcosme des influenceurs complotistes, on s'arrache la nouvelle prodige. Natacha multiplie les interviews, notamment « chez » Chloé Frammery, suisse, ex-enseignante en mathématiques, star de la lutte antivaccin ARN, ou encore « chez » Mike Borowski. Intéressant profil encore que cet ex-attaché parlementaire, ex-membre de l'UMP, au phrasé de mitraillette, vif et bondissant. Avec son site « La gauche m'a tuer », entre 2015 et 2018, il est devenu une figure du monde des défiants. Selon *Le Monde* (et son outil de mesure de l'audience BuzzSumo), ses articles étaient plus populaires sur les réseaux sociaux que ceux de *Libération*, Europe 1 ou *Le Point*.

Il a vu ses pages sur Facebook censurées moult fois, ses comptes YouTube fermés. Il a soutenu les Gilets jaunes en leur temps. Aujourd'hui, le « journaliste citoyen » collabore à la très à droite Radio Courtoisie, et assure de longues interviews pour un site au titre évocateur : « Géopolitique profonde ». Dans le monde des défiants, on va se faire interviewer « chez Mike Borowski » comme d'autres vont « chez Léa Salamé ». Ça pose. Natacha ira plusieurs fois, chez l'un et l'autre, faire de longs points sur son affaire. Chloé Frammery convainc Natacha d'ouvrir un compte sur CrowdBunker, une plateforme dite « zéro censure », pour assurer la communication sur la suite de son « enquête ». Résultat, Natacha se prend de plein fouet la dureté de ce monde sans filtre. « Des trolls sont venus m'insulter, c'était très violent, m'avoue-t-elle. J'ai laissé tomber. Je n'ai pas aimé du tout ce fonctionnement, je suis partie. »

Trop tard. Elle découvre l'hallali médiatique. Lors de ses interviews, des défiants l'interpellent, l'accusent d'être manipulée par les services secrets, qui l'utiliseraient pour détourner l'attention de « la vraie histoire cachée du couple Macron ». Sur Twitter (dorénavant X depuis que le réseau a été racheté par le milliardaire Elon Musk), elle lit qu'elle a été prostituée à Bruxelles dans une ancienne vie, qu'elle aurait été la maîtresse d'un financier suisse, elle serait « téléguidée par le château », une « fausse opposition », elle aussi. Ça la fait plutôt rire. Quand *Libération* fait son Checknews le 15 décembre sur la

« prétendue journaliste proche de l'extrême droite », elle ne rit plus du tout. L'article a notamment extrait de sa page Facebook, suspendue depuis, une photo de Dieudonné posant avec une blonde devant une affiche « Jean-Michel Trogneux ». Contrairement à ce qui est écrit, ce n'est pas elle sur la photo, elle n'a jamais rencontré Dieudonné. « Je les ai appelés pour démentir, j'étais très en colère, ils ne m'ont jamais rappelée, ils n'ont jamais démenti ! » Sa fameuse photo Facebook, chapeau et lunettes noires, a circulé sur internet, sur le site de BFM, de *Libération*... « Ils ont piqué ma photo et l'utilisent comme bon leur semble, c'est hyperviolent ! se plaint-elle. Des gens m'ont forcément reconnue. » Natacha, arroseuse arrosée, prise à son propre piège, regrette d'être allée sur Facebook. « Je n'ai plus du tout envie d'être sur les réseaux, surtout que je vois ce que les journalistes font de mes anciens posts, ils viennent piocher dedans, ma vie est étalée, caricaturée, détournée. » Elle ne fait pas le lien, quand elle dit ça, avec toutes ces photos qu'elle a fait circuler sur internet, de Catherine et Jean-Louis Auzière, de Brigitte Macron et sa famille... Elle pense juste à elle, à sa famille, qui lui en veut « suffisamment comme ça déjà, je l'ai payé cher dans ma vie privée ». À chaque nouvel article, je l'entends pleurer au téléphone. Elle n'en mange plus, n'en dort plus. « Il y a eu plus de saloperies racontées sur mon compte, plus de méchanceté à mon égard, que sur la clandestine qui a violé, torturé et assassiné la petite Lola par l'ensemble de la presse et des médias, c'est vraiment à se flinguer ! » La comparaison est plus qu'osée. Elle nous renvoie les articles. « *Le Point* nous assimile, Amandine et moi, à des "analphabètes violents" ! » Elle qui a tant lu. « *Le Parisien* titre sur les "rumeurs transphobes" ! Ni Amandine ni moi n'avons jamais été assignées en justice pour "avoir propagé des rumeurs transphobes" sur Brigitte Macron, mais pour atteinte à la vie privée ou diffamation ! » Parfois, dans nos échanges, elle dit qu'elle « regrette » tout ça, que c'est trop dur pour ses « frêles épaules », que si c'était à refaire, elle ne le referait pas. Elle disparaît quelques jours, ne répond plus au téléphone, puis ressurgit, de nouveau prête à en découdre, en clamant que la « vérité triomphera ». Natacha, plus que jamais, veut rester anonyme. « On me décrit comme quelqu'un avec un ego démesuré, mais je ne cherche pas mon quart d'heure de célébrité, je n'ai pas de chaîne YouTube, je n'ai montré mon visage nulle part. Je veux juste la vérité. Je suis révoltée de la mauvaise foi de ceux qui m'attaquent. » Plusieurs fois, on l'a entendue souffler, mi-figue mi-raisin : « Les rédactions pourraient au moins reconnaître mon travail. Avec tout ce que j'ai fait, je pourrais peut-être être embauchée comme journaliste d'investigation ! » Au fond, elle aimerait bien.

Le 20 décembre 2021, dix jours après son émission, Natacha entend sonner à la porte. « C'étaient des policiers. Ils ont laissé une convocation en bas de chez moi, puis ils sont allés mettre la pression à mes parents, qui m'ont appelée pour m'emmener au commissariat. » Natacha n'est plus une débutante, elle évite les erreurs de sa première garde à vue : « J'ai laissé mon téléphone portable à mes parents, et j'ai demandé une avocate commise d'office. Sur ses conseils, j'ai refusé la perquisition et l'expertise psychiatrique. » Elle découvre qu'elle va être interrogée par deux policiers de la Crim', qui se sont déplacés exprès de la grande ville, à soixante kilomètres. « La Crim' ! » Natacha s'en étrangle de rire. « Vous imaginez la grande criminelle que je suis ! La policière a exprimé à plusieurs reprises, devant moi, que c'était aberrant d'être là et qu'elle avait autre chose à faire. Elle pestait. J'ai répondu à leurs questions, raconté ma recherche. Ils étaient plus décontractés que les gendarmes de la première fois, plus sympas, ils se foutaient même de la gueule de Brigitte. Ils ne voulaient pas que ça dure trop, ça se sentait, mais la procureure insistait au téléphone pour qu'ils poursuivent les questions. À 20 heures, ils m'ont relâchée. Mes parents m'attendaient dehors pour me reconduire chez moi, parce qu'il faisait nuit et froid. » Cette deuxième garde à vue est une nouvelle mise en garde. « On a voulu m'intimider, mais c'est l'inverse qui s'est produit, crâne-t-elle. Ils agissent comme si j'étais une terroriste, alors que je n'ai fait qu'émettre des suppositions et utiliser ma liberté d'expression. » Quand je lui parle de la frontière entre liberté d'expression et diffamation, elle n'entend pas, persuadée d'être « victime d'une police aux ordres, d'un État qui essaie de faire taire la vérité ». Plus que jamais transcendée par sa mission, portée par l'écho inattendu de l'émission, elle incarne avec ardeur « le pot de terre contre le pot de fer », une expression qu'elle utilise souvent. Telle une Jeanne d'Arc des temps modernes, elle veut bouter le mensonge hors du royaume.

- 5 -

L'armée des soutiens

« Quand j'ai entendu l'interview de Natacha sur internet, je me suis dit : "C'est du lourd" », confie Laura[1]. Elle nous a donné rendez-vous à Amiens, en présence de Natacha. La quarantaine chic, nœud sage dans ses cheveux blonds, paupières ombrées, lunettes design, tenue soignée, cette ex-cadre bancaire parle avec aisance devant son burger-frites et son verre de vin. Elle a longtemps été gestionnaire de patrimoine dans une grosse banque – en bonne défiante scrupuleuse, elle a même spontanément apporté ses feuilles de salaire pour me le prouver. Aujourd'hui, elle fait partie des « collaborateurs » de Natacha qui, depuis que l'affaire a éclaté, enquêtent pour elle sur le terrain. « Natacha,

1. Le prénom a été modifié.

dans son interview, demandait de l'aide pour une mission légale et sans danger sur Arras. Je lui ai écrit un mail, pour proposer mes services. J'ai compris que Natacha cherchait la vérité. Je ne savais pas si elle l'avait trouvée, mais au moins elle la cherchait. Et aujourd'hui, c'est une démarche assez rare, de chercher la vérité, qui mérite d'être soutenue. On ne peut pas se plaindre de la situation au niveau collectif si on ne prend pas sa part d'action. » Laura a donc passé des après-midi à fouiller les archives des *Échos du Touquet* à Arras, du *Courrier picard* à Amiens, ou de *La Voix du Nord* à Boulogne-sur-Mer, pour retrouver des annonces de naissance, mariage, décès, réussites au baccalauréat, et autres informations sur la famille Trogneux. Bien loin de ses activités de mère de famille, avec mari, enfants, salaire. Et de son éducation. Issue d'une famille de socialistes, elle raconte qu'elle a « toujours voté. Je croyais que c'était mon devoir de citoyenne ». Cette « naïveté » la fait rire, et Natacha aussi. Comme beaucoup, Laura a erré dans ses votes, de Sarkozy en 2007 à Mélenchon en 2017. « J'ai même voté Macron au second tour de la présidentielle, pour empêcher "l'autre" de passer », dit-elle. L'allusion à Marine Le Pen ne fait pas sursauter une seconde Natacha. Les deux femmes, unies dans leur défiance, n'en sont plus à se battre sur des questions gauche/droite, vote extrême/pas extrême. Pour son boulot à la banque, Laura a longtemps suivi l'actualité, lu la presse. Avec de plus en plus de difficulté. « J'ai vraiment arrêté les médias en 2008 au moment de la crise des *subprimes* et de l'affaire Kerviel. J'ai des amis traders, je voyais tellement de différence entre ce qu'on nous disait et ce que je savais de ce milieu. Je sais que Kerviel a porté le chapeau, il n'aurait jamais pu faire ça tout seul, ça m'a dégoûtée sur le fonctionnement de la justice. » Comme beaucoup de ceux que nous avons rencontrés, la gestion de la crise sanitaire a achevé de la faire basculer. « Je ne suis pas antivax, mes enfants sont vaccinés, mais il y a eu trop d'incohérences et de mensonges. S'ils mentent sur le masque, pourquoi ne mentiraient-ils pas sur les vaccins ? Et cette façon qu'a eue "l'occupant de l'Élysée" [c'est comme ça qu'elle nomme Emmanuel Macron pendant tout notre entretien] de jouer avec notre peur, avec son "nous sommes en guerre" ! J'ai refusé de me faire vacciner, j'étais la seule dans mon entreprise. » Laura a quitté la banque et suivi une formation de naturopathe, une activité que l'on croise souvent chez les défiants. Elle s'indigne légitimement sur des sujets comme la ré-autorisation du glyphosate, s'interroge aussi sur le décret de la 5G pris pendant le confinement. « Rassurez-vous, ironise-t-elle, je ne crois pas au complot mondialo-maçonnique, ni aux petits bonshommes verts, et la Terre n'est pas plate ! » Elle fait pouffer Natacha. En sortant du restaurant, Laura lâche : « Vous savez, je le fais parce que je pense que c'est très important, parce que sinon, j'ai autre chose à faire dans la vie. » « Moi aussi », renchérit Natacha, que son affaire occupe néanmoins à plein temps depuis maintenant cinq ans.

Dans les jours qui ont suivi l'émission chez Amandine Roy, Natacha a été submergée de propositions similaires à celle de Laura. Pour elle, qui vivait assez seule, avec un cercle social très restreint, le monde s'ouvre soudainement, en version grand large. « J'ai reçu des dizaines, des centaines de soutiens, via Facebook et Messenger, WhatsApp, Telegram, par mail, par courrier ! Je ne m'y attendais pas ! » Parmi ces messages, des ex (vrais ou faux) flics/agents de renseignements/militaires haut gradés/ journalistes qui affirment avoir des infos aussi dingues qu'invérifiables. Beaucoup de Gilets jaunes, « qui voulaient m'aider à faire tomber Macron, ou me demandaient de venir faire des conférences dans leur ville ». Quelques anciennes connaissances de la famille Trogneux, tient à préciser Natacha, comme « ces deux voisines qui affirment n'avoir jamais vu André », l'ancien mari. Et surtout beaucoup de défiants ordinaires « de tous horizons, de tous milieux sociaux, employés, ouvriers, mais aussi historiens, avocats, banquières, maîtres de conférences, professeurs, médecins… ! » qui lui auraient proposé leur aide, financière ou de terrain. Je ne peux pas vérifier le nombre et la teneur de ces messages de soutien aujourd'hui, la page Facebook de Natacha ayant été fermée. Natacha m'a fait lire en revanche une vingtaine de courriers reçus par la poste. Dans ces messages, les gens la remercient, lui envoient de l'argent pour son projet de livre, « au nom des amoureux de la vérité et de la liberté, je vous renouvelle mes remerciements pour votre dévouement ». Ils louent son « courage », et son « acte de résistance ». Natacha assure que des politiques se manifestent, aussi. Dans sa ville, elle est invitée à prendre la parole au micro lors d'un « dîner des Patriotes ». « J'y ai même été applaudie ! » s'enthousiasme-t-elle. Elle regrette juste que Florian Philippot, le chef du mouvement qu'elle apprécie parce qu'il a organisé des marches contre le vaccin ARN lors de la crise Covid, ne soit finalement pas venu ce soir-là. Elle affirme en outre avoir été contactée par un responsable de comité de soutien à Éric Zemmour, « qui semblait très intéressé ». Elle m'envoie sa fiche. Et ironise : « J'aurais donc la capacité – surnaturelle – de réussir à convaincre tous ces gens sérieux, possédant des bagages intellectuels, d'une "fake news" ridicule, grotesque, sans le moindre fondement, le moindre argument rationnel, sortie des bas-fonds d'internet, comme relaté dans l'ensemble de la presse et des médias. Décidément, je suis très forte ! La presse mainstream devrait utiliser mes capacités exceptionnelles et m'engager, moi qui réussis seule et sans aucun moyen à persuader les masses ! »

Son enquête prend un sérieux coup de booster. Natacha ose dorénavant s'aventurer sur le terrain. Grâce aux dons, elle en a désormais les moyens.

« Mon premier avocat, Frédéric Pichon, m'avait conseillé d'ouvrir une cagnotte, comme le font les dissidents. Amandine Roy en a parlé aussi, pendant son émission. De moi-même, je n'aurais pas osé. Ça m'a toujours énervée, les gens qui réclament sans arrêt. On m'a déconseillé d'aller sur Leetchi, qui peut être bloqué. Regardez ce qui est arrivé au boxeur des Gilets jaunes, il n'a jamais pu toucher sa cagnotte ! » Pour rappel, en 2019, Christophe Dettinger, ex-champion de boxe, avait frappé des policiers lors d'une manifestation de Gilets jaunes pour, avait-il expliqué ensuite lors de son procès, défendre une femme mise à terre par les forces de l'ordre. Les images avaient fait le tour du net, la cagnotte organisée en son soutien avait récolté plus de 145 000 euros. Le boxeur n'a effectivement jamais pu récupérer la somme, la cagnotte ayant été jugée contraire « à l'ordre public ». Natacha, ne sachant pas à quelle sauce juridique elle serait mangée, a donc prudemment opté pour un sage lien PayPal. « J'ai dit aux gens : "Si vous êtes au chômage, ne m'en donnez pas, je sais ce que c'est de ne pas avoir d'argent", mais souvent ils m'expliquent que c'est important pour eux de participer, même s'ils n'ont pas beaucoup. Je me souviens de cette prof de piano à Metz, chanteuse de jazz, qui me disait qu'elle était dans la "résistance", m'a envoyé un don, et voulait même m'inviter chez elle. Je comprends, je suis pareille. J'ai toujours donné pour les animaux... la roue tourne, on reçoit ce qu'on a donné. Mais ça a été la bonne surprise, je ne m'attendais pas à ce soutien, à être si populaire. »

Natacha reçoit environ 5 000 euros, qu'elle va utiliser aussi pour ses déplacements. Amiens, où est née et où a grandi Brigitte Macron, est à plusieurs heures de train de chez elle, avec changement. Natacha prend sa petite valise rose à roulettes, réserve les billets de train les moins chers, une chambre d'hôtel modeste, déboule dans le fief Trogneux, passe des heures dans les allées du cimetière ou les archives du *Courrier picard*, dans lequel elle débusque une série d'incohérences, parfois réelles, de mise en page de photos, prénoms oubliés, annonces bancales, qu'il serait fastidieux de détailler ici, mais qui, une à une, nourrissent sa conviction : les renseignements sont passés dans les archives pour nettoyer l'histoire de la famille Trogneux. Gonflée à bloc, maintenant qu'elle n'est plus seule, Natacha se risque même à la confrontation directe. En janvier 2022, un « collaborateur » qu'elle ne connaît pas, un certain Gérard C., la conduit en bas de chez Jean-Michel Trogneux, à Amiens. Je réalise quand elle me parle de lui qu'il s'agit de l'ancien chauffeur de camping-car de Richard Boutry. Petit monde.

En ce jour de janvier 2022, accompagnée de son docteur Watson, Natacha sonne donc à l'interphone de « M. Trogneux », prétextant un courrier à remettre. Un petit homme descend des escaliers et les remonte précipitamment quand il s'aperçoit qu'il n'a pas affaire au facteur. Elle m'en montrera la vidéo : trapu, grandes oreilles, petit nez, il ressemble beaucoup au père de Brigitte. Pour un non-défiant, la preuve serait donc bien là : Jean-Michel existe, il a descendu les escaliers. Sauf que sur la vidéo, on le voit aussi les remonter à la hâte. « Pourquoi se comporte-t-il comme cela s'il n'a rien à cacher ? s'interroge Natacha. Il pourrait juste dire : "Bonjour, je suis Jean-Michel Trogneux, le frère de Brigitte !" Il m'aurait montré une photo de lui avec sa sœur petite, et c'est bon, je reconnaissais mon erreur, je présentais mes excuses, et j'arrêtais tout ! » Le « petit gros », ainsi que Natacha et les autres défiants penchés sur l'affaire le surnomment dorénavant, a marmonné une phrase en repartant, dans laquelle on croit reconnaître un vague « Merci Jean-Mi »... « Merci Jean-Mi...chel ? Il se remercie lui-même ? » rigole Natacha qui a filmé la scène et me l'envoie dans la foulée, triomphalement. L'homme des escaliers, Natacha l'a reconnu, il était là, dans les salons dorés de l'Élysée, lors de la cérémonie d'investiture d'Emmanuel Macron. Voilà qui devrait suffire à la convaincre qu'il est bien Jean-Michel ? Mais non. « Sa présence n'est jamais évoquée par les journalistes, et sur l'image, on peut voir Brigitte passer devant lui sans même le saluer, sans un regard, alors qu'il/elle embrasse les autres membres de sa famille. Vous trouvez ça normal ? » On ne sait plus trop que répondre, les arguments ne semblant plus avoir de prise sur elle… Peut-être que la Première dame lui avait déjà dit bonjour avant ? Peut-être qu'ils sont un peu en froid ? Peut-être qu'elle ne l'a juste pas vu ? Non. Natacha est sûre que ce Jean-Michel est un leurre placé là par l'État pour protéger la version officielle de la vie de Brigitte, et égarer les curieux comme elle.

Certains collaborateurs, telle Laura, sont devenus des « amis », avec lesquels elle échange quotidiennement. Je n'ai pas pu rencontrer le graphiste qui fait analyser des photos par un photographe, ni l'assureur sous pseudo qui plonge dans les dédales des documents administratifs et financiers pour Natacha. Il a refusé de me voir, « trop dangereux pour lui ». Je n'ai pas non plus vu Astrid[1], l'ex-hôtesse de l'air, qui « se méfie », elle aussi. Dans ce monde viscéralement allergique aux journalistes, je suis radioactive. J'ai mesuré, depuis que j'ai travaillé sur le milieu des Gilets jaunes, et plus largement des défiants, le rejet de ma profession. Je sais qu'il faut du temps et beaucoup d'échanges pour rétablir un peu de cette confiance perdue. D'abord très réservé, Dominique, la soixantaine burinée, faux air du navigateur Éric Tabarly, jeans et sweat de marin, est devenu au fil du temps un interlocuteur régulier. Natacha le présente comme l'historien qui l'aide à analyser les documents et les archives liés

1. Le prénom a été modifié.

à l'affaire. Il a été il y a bien longtemps auteur pour « La Classe », l'émission d'humour populaire animée pendant des années par Fabrice, sur France 3. Il a fait visiter des sites historiques, dans sa région, près de la mer. Fugacement villiériste, puis colistier sur une liste citoyenne municipale, il vit aujourd'hui une retraite tranquille sur la côte atlantique, entre île et campagne. Il nous accueille avec gentillesse dans sa maison de village. Sur les murs, un filet de pêcheur, dans le salon, des canapés en vieux cuir rouge, une bibliothèque dans laquelle je vois des livres d'hommes politiques, Philippe de Villiers et Nicolas Sarkozy, des livres historiques sur les rois de France, Napoléon, Jeanne d'Arc ou la Révolution française, les mémoires de David Rockefeller, *La Véritable Histoire des Bilderbergs*. Une bibliothèque marquée à droite. Lui-même écrit des ouvrages. « Mon premier, c'était sur l'histoire d'une station de sport d'hiver », nous raconte-t-il. En ce moment, il en prépare un sur la Révolution française, plus précisément sur « Comment l'État profond a organisé la Révolution française. Le discours officiel est de dire que le peuple l'a voulue, mais c'est absolument faux. L'État profond n'est pas une invention de notre siècle. » L'État profond, ou *deep state* en anglais, désigne une hiérarchie parallèle au pouvoir politique, une entité informelle constituée par des représentants de la classe dominante, notamment économique, qui seraient les vrais décideurs dans nos démocraties. L'État profond, sans cesse dénoncé par les défiants, « passionne » Dominique parce qu'il permet, estime-t-il, « d'expliquer beaucoup d'incohérences ». Par exemple, « ces migrants qui fuient leur pays parce que c'est organisé. Qui finance les bateaux qui les récupèrent, comme l'*Aquarius* ? C'est l'Open Society de Soros, qui ne s'en cache plus maintenant ». L'Open Society Foundations est un réseau de fondations créé en 1979 par le milliardaire américain George Soros, afin de promouvoir la gouvernance démocratique dans les États, les droits de l'homme et des minorités et l'éducation dans le monde. Je lui demande quel intérêt, autre qu'humanitaire, il faudrait donc voir derrière ces opérations de sauvetage en mer. « En faisant venir des migrants, ils favorisent le métissage, des gens moins ancrés dans leur culture, leur territoire et donc beaucoup plus malléables. Ils veulent rendre obsolète l'idée de nation. Le seul qui ne casse pas tout, c'est Poutine, qui aime son pays et ne tombe pas dans les délires occidentaux. » Poutine, icône du monde des défiants... Il rit. « Évidemment, toi [oui, il a demandé à me tutoyer], ça doit te faire bondir tout ce que je dis, te paraître lunaire... Tu ne donnes pas du tout là-dedans j'imagine... » Je confirme. Il veut me conseiller des lectures : « Tiens, commence par *Cet étrange Monsieur Monnet*, de Bruno Riondel, excellent livre ! » Jean Monnet, un des fondateurs de cette Europe que les défiants détestent, car elle aurait selon eux affaibli la nation française, dilué son identité. Dominique lit beaucoup, y compris la littérature de ceux qu'il honnit. « Je viens de me farcir, parce qu'il n'y a pas d'autre mot, le pensum d'Alain Minc de 1997 sur la mondialisation heureuse. Soit il est totalement idiot, soit il fait partie de la bande et essaie d'influencer les gens. » On déjeune autour d'une toile cirée, côtes d'agneau, taboulé. Dominique est un bon vivant, il taquine la délicate Natacha qui refuse son beaujolais nouveau et a apporté son propre repas cuisiné maison, guacamole et rillettes « de la mer » vegan. Ils sont aussi différents que complices, rient beaucoup ensemble. Ils se connaissent bien maintenant, après tous ces mois de combat commun.

Leurs échanges, et tous ceux que j'ai avec eux, se font toujours sur des messageries cryptées. L'État les surveille, ils en sont persuadés. Natacha dit qu'elle entend régulièrement des sons bizarres, des « clic », un souffle, parfois même le bruit caractéristique de quelqu'un croquant des chips. Un jour d'avril 2023, elle m'envoie une photo de drone : rouge et blanc, assez gros, il s'est posé sur le toit-terrasse à deux mètres de la fenêtre de sa chambre, avec vue directe sur son lit. Natacha est un peu déstabilisée. « J'ai pu être espionnée un certain temps sans m'en rendre compte, ça fait un drôle d'effet. » Personne ne venant le réclamer, elle se décide à le récupérer, son père l'emmène porter plainte contre X au commissariat. Laura, elle aussi, se souviendra longtemps de cet après-midi de décembre 2022, aux archives d'Amiens.

« J'avais commandé les exemplaires de journaux de l'année 1953 pour la naissance de Brigitte, 1974 pour le mariage avec André, et 1984 pour la naissance de Tiphaine... En face de moi, un monsieur me regardait fixement, avec insistance, puis il s'est levé et dirigé vers le guichet, et je l'ai entendu demander : "Vous avez la commande au nom de M. Trogneux ?" J'étais sidérée : un Trogneux assis juste là, devant moi ? Ça ne peut pas être un hasard ! J'ai pris une photo de lui, je l'ai envoyée à Natacha... qui l'a reconnu immédiatement : "C'est Alain Trogneux, qui est historien, il a numérisé toutes les archives de la Somme !" » Natacha soupçonne l'historien d'avoir profité de la numérisation des archives départementales du *Courrier picard* pour intégrer, à la demande de l'Élysée, les « faux documents », par exemple cette fameuse « fausse » photo de mariage de Brigitte et André de juin 1974. « Alain Trogneux est revenu s'asseoir en face de moi, et là j'ai repéré un autre homme, qui parlait bas, avec une oreillette, continue de raconter Laura. Il n'avait pas d'archives devant lui, il regardait une tablette. J'ai compris que c'était un agent du Renseignement. Cet homme s'est levé, s'est dirigé vers le fond. J'ai vu alors le monsieur Trogneux se lever et le rejoindre pour lui parler. C'était tellement ostensible que je me suis dit : "Ils font exprès, ils veulent m'impressionner !" Mais ils ne me faisaient pas peur. Quand ils sont revenus s'asseoir devant moi, j'ai souri exprès, en tournant les pages, pour faire voir que je ne me démontais pas. Mais alors, si j'avais encore le moindre doute sur le fait qu'ils cachaient quelque chose, je peux vous dire que je n'en ai plus ! Je ne suis pas quelqu'un d'important, je ne suis personne, Natacha non plus… alors, pourquoi ce comité d'accueil ? » Elle éclate de rire. « On se croirait au temps du KGB ! » Natacha rit avec elle. On pourrait penser qu'elles se sont fait un film. Mais Laura a pris des photos des deux hommes. Et au fond, serait-ce invraisemblable que les services de l'État surveillent Natacha et ses « collaborateurs » en goguette à Amiens, fief de la famille Trogneux ? Quant à la présence d'Alain Trogneux… En tant qu'historien, elle n'est pas si étonnante. J'essayerai de le contacter plus tard, il déclinera ma demande d'entretien.

À force de côtoyer les défiants, je finirais presque par devenir parano, moi aussi. Lors de ma première entrevue avec Dominique, le 10 février 2023, nous avions rendez-vous dans un hall d'hôtel discret dans la ville de Natacha. Au milieu d'une phrase, mon interlocuteur s'arrête soudainement de parler, désignant du menton quelque chose derrière moi. Je me retourne et avise une femme brune, debout, à deux mètres de nous, en train de regarder distraitement les livres d'une petite bibliothèque mise à disposition par l'hôtel. « Elle est là depuis le début, elle nous écoute, c'est une RG », murmure-t-il. Je m'esclaffe, incrédule. Cette femme est-elle une collègue de notre homme à l'oreillette ? Nous restons silencieux quelques minutes. Il n'y a plus un bruit dans le hall. La femme fait demi-tour, et sans un regard pour nous, disparaît derrière le mur qui nous sépare de la réception. Pour plaisanter, et toujours sans y croire, je me lève, la suis, contourne le mur. Je la retrouve plantée debout, juste derrière. Elle bredouille je ne sais quoi en me voyant, fait volte-face, décampe par la porte d'entrée de l'hôtel. J'avoue, j'ai ri de ce cache-cache absurde, ambiance *OSS 117*.

En mai 2023, je recroise Dominique à une conférence du CSI. Ce « Conseil scientifique indépendant » s'est constitué pendant le Covid pour faire « contre-pouvoir » au Conseil scientifique nommé par Emmanuel Macron. Je suis venue écouter Natacha Rey, invitée à intervenir sur scène. Souffrante, elle annule au dernier moment. La salle de 3 000 places est pleine à craquer. Le tourbillonnant Mike Borowski, intervieweur vedette des défiants, anime les rencontres. Le professeur Christian Perronne, la généticienne Alexandra Henrion Caude, et quelques autres auteurs dédicacent leurs livres, qui se vendent comme des petits pains. Alexandra Henrion Caude et ses *Apprentis sorciers. Tout ce que l'on vous cache sur l'ARN messager*[1] squatte la première place des essais sur Amazon, avec plus de 100 000 exemplaires vendus. Un succès qui en

1. Paris, Albin Michel, 2023.

dit long sur la mobilisation, sinon sur le nombre, du lectorat défiant. Richard Boutry, l'ancien présentateur de « Soir 3 », est là lui aussi pour vendre son autobiographie auto-éditée, *Le Journaliste à abattre*. Il m'alpague, me reproche d'avoir publié dans *L'Obs* une enquête « à charge » contre lui. Je découvrirai plus tard que dans son livre, il se vante au contraire de cet article… en omettant de préciser que celui-ci lui est défavorable. Dominique connaît les failles du personnage, achète néanmoins son livre, se le fait même dédicacer, et m'en fera un compte rendu après lecture : « Mal écrit, ras les pâquerettes, mais quand même, c'est dingue tout ce qui lui est arrivé ! »

Natacha aussi, on le sait, rêve de faire publier son livre. Mais pas un livre comme celui que je lui ai dit envisager d'écrire. Un qui expliquerait, illustrations à l'appui, toute sa démonstration. Elle a contacté un petit éditeur tunisien, Ka' Éditions, qui a publié, nous dit-elle, le dernier livre de Christine Deviers-Joncour. Et aussi nombre d'ouvrages complotistes. Je suis surprise. Que vient faire dans l'histoire de Natacha celle qui s'est surnommée elle-même dans un livre[1] « la putain de la République » et qui a purgé une peine de quelques mois de prison pour son implication dans le scandale politico-financier de l'affaire Elf, dans les années 1990 ? « Elle m'a appelée

1. Christine Deviers-Joncour, *La Putain de la République*, Paris, Calmann-Lévy, 1998.

pour me soutenir », m'éclaire Natacha. Devant mon air dubitatif, Natacha me montre dans les contacts de son téléphone le nom et le numéro de Christine Deviers-Joncour. Le projet de Natacha avec Ka' ne se fera pas. « L'éditeur a trouvé le sujet "trop lourd, trop cher à éditer, avec toutes ses illustrations" », me dit-elle.

Dominique auto-édite ses livres, il propose à Natacha de l'aider. Mais au bout de quelques rendez-vous de travail, le projet est abandonné, là encore. « Trop compliqué », résume sobrement Dominique. Cela attriste Natacha et la met dans une situation délicate : sa cagnotte avait été lancée essentiellement pour financer cet ouvrage. Amandine Roy, qui a relayé l'appel aux dons, la presse de rendre l'argent, elle ne veut pas être accusée de vol. À sa demande, Natacha participe donc à une émission où elle propose de rembourser ceux qui le souhaitent. « Heureusement, personne ne me l'a demandé, souffle-t-elle, soulagée. Je n'ai reçu que des messages disant "Ce n'est pas grave, avec tout ce que vous faites." Ils savent bien que cet argent a servi à l'enquête. Les 5 000 euros reçus ont financé mes frais d'enquête et de justice. »

L'épisode a en tout cas fâché les deux femmes, qui ne se parlent plus. On se fâche beaucoup, dans ce petit monde sourcilleux. Natacha est en revanche restée très proche de Dominique, qui l'appelle quasi quotidiennement, analyse avec sa casquette d'historien les multiples « fausses archives » qu'elle lui présente, la calme quand elle monte dans les tours, ce qui arrive souvent. Bienveillant, un brin paternaliste avec elle, il s'inquiète souvent auprès de moi de sa fragilité. « J'espère qu'elle ne s'est pas trompée, elle ne s'en remettra jamais », lâche-t-il dans un soupir.

Lucas[1] dirige une petite entreprise d'événementiel, qui organise des salons et des festivals dans le secteur culturel. Lui aussi a contacté Natacha après son passage chez Amandine. « Un véritable coup de foudre amical », disent-ils. Lucas est métis et homosexuel, ce que ne manque pas de rappeler souvent Natacha, en s'esclaffant de sa voix pointue : « Et après on m'accuse d'homophobie ! » Ensemble, ils passent des nuits à philosopher et à commenter l'actualité, et Natacha me partage parfois le fruit de leurs échanges. Le 8 juin 2023, un homme poignarde des enfants sur les rives du lac d'Annecy. En apprenant que je suis en reportage sur les lieux de l'agression, Natacha m'interpelle par message sur Telegram : « On en a discuté des heures avec Lucas, on a regardé énormément de vidéos, et relevé plein d'incohérences : les ministres sont arrivés dans l'heure, comme s'ils étaient déjà au courant, l'agresseur a une attitude bizarre, il trottine comme s'il se promenait, il parle anglais au lieu de parler dans sa langue, on ne voit pas de trace de sang, ni les parents des enfants… Lucas doute que les enfants soient vraiment blessés. Moi j'y crois. Vous qui êtes sur place, qu'en pensez-vous ? » s'enquiert-elle,

1. Le prénom a été modifié.

dubitative. Je suis là, sur les lieux de l'agression, quelques heures à peine après, avec les gens qui se recueillent autour, toute une ville en état de choc, des médias du monde entier venus couvrir le drame, et au téléphone, Natacha me demande si cette agression a bien eu lieu ?! Les bras m'en tombent. « Lucas pense que leur faux fait divers a des intérêts multiples, poursuit Natacha : instiller la peur en général, la peur de son prochain et surtout faire passer Macron pour un défenseur des enfants, pour se protéger. J'ignore si ce qu'il pense est vrai, mais ce que je constate, c'est qu'encore une fois, on pointe du doigt un certain nombre d'anomalies et d'invraisemblances dans un récit officiel. Pour Annecy, il ne faut pas se contenter de la surface et creuser en profondeur, vérifier chaque détail. Ce qu'aucun journaliste ne fera, comme d'habitude. » Plus tard, elle m'écrira : « On nous dit désormais que c'est un fou (l'expert psychiatre s'était trompé !), qu'il est en isolement et va être transféré en HP où de façon totalement invérifiable (secret médical), on nous dira qu'il passe des années. Il n'y aura donc jamais de procès et de cela, Lucas et moi – en bons complotistes que nous sommes – étions sûrs depuis le début. Circulez, il n'y a plus rien à voir… mais tremblez braves gens, maintenant, on attaque même vos enfants ! Une nouvelle loi – pas de contrôle des frontières ni de régulation de l'immigration, ce serait trop « fasciste » et « raciste » – mais de surveillance de l'ensemble de la population (vous et moi sommes susceptibles de planter des gosses demain) devrait bientôt voir le jour. » Je viens d'assister, en direct, à la naissance d'une théorie du complot dans l'esprit de deux défiants.

Lucas a invité Natacha à venir chez lui pour l'aider à mettre en forme les quelque 320 pages de démonstration, qui ne feront plus un livre, mais qu'elle veut donner à la justice pour sa défense. Ils ont accepté que je les rejoigne. J'ai donc débarqué, un matin d'avril 2023, dans cette petite ville du Sud-Ouest où Natacha est arrivée six jours plus tôt. Elle loge dans un hôtel modeste face à la gare. « C'est Astrid [l'ex-hôtesse de l'air] qui a financé la chambre, me précise-t-elle. Elle devait nous rejoindre, mais elle ne peut pas finalement. Du coup elle nous invite tous cet été chez elle, c'est formidable et incroyable ! Elle a soixante-six ans, moi cinquante et un, Lucas vingt-huit, et on est tous amis ! » La magie du combat qui transcende tout, même les générations.

Treize heures. Je retrouve Lucas et son copain Hugo[1] chez un traiteur bio. En sweat à capuche, ils émergent à peine de leur nuit. Tous les deux, m'expliquent-ils, se sont rencontrés via les réseaux sociaux, au moment du Covid. « On a vu qu'on avait des questionnements communs, on ne comprenait pas qu'on veuille nous imposer à ce point le vaccin par exemple, explique Lucas, le plus disert des deux. On était d'accord sur le fait que l'État crée un

1. Le prénom a été modifié.

état de crise permanent pour que les gens soient en demande de protection, une reproduction du modèle féodal où tu demandes protection à "papa État", mais où tu paies la dîme. On allait au-delà des sujets conventionnels, on cherchait des informations alternatives, ça nous a rapprochés. » Les informations alternatives, ce sont celles qui par exemple leur font voir du sens et de l'intention dans tous les gestes des élites, qu'ils décryptent à l'infini. « Vous avez vu le spot de campagne d'Emmanuel Macron pour le second tour ? » demande Hugo. Il sort son téléphone pour me montrer la vidéo. « Vous êtes d'accord que, sur un bureau de président de la République, on ne met pas des bibelots pour faire joli, au hasard, surtout quand il y a une caméra ? » Euh, oui, j'imagine. « Eh bien regardez, il y a plein de signes symboliques sur ce bureau, dont le gros pavé taillé, signe maçonnique. » La franc-maçonnerie, vue par nombre de défiants comme faisant partie de l'État profond, une organisation de mise en réseau secrète, sinon sataniste, de puissants au détriment des citoyens. Natacha m'avait déjà montré une photo d'Emmanuel Macron, debout, bras tendus se rejoignant devant le corps, les mains faisant un signe en forme de losange, pouces et index tendus collés. Et des photos d'Angela Merkel, Elon Musk et même Hitler faisant ce signe. Pose naturelle ? Photos trafiquées ? Je ne saurai pas, et peu importe au fond. Ce qui importe, c'est que Natacha y voit – comme les défiants qui les font circuler sur internet – « un signe non naturel, fait pour exprimer une appartenance ou une soumission à l'État profond ». Les dates aussi, sont, décortiquées. Par exemple, celle de la naissance de Brigitte Macron fait bien rire notre trio : « Brigitte serait née le 13 avril 1953 ! » Et alors ? « Mais enfin Emmanuelle, vous ne savez pas ? C'est la date de lancement du "MK-Ultra". » Chez les défiants, tout le monde sait apparemment ce qu'est le « MK-Ultra ». Pas moi, qui suis allée vérifier sur internet. Et ce n'est pas difficile à trouver : quand on tape « 13 avril 1953 », on tombe sur Wikipédia, expliquant que c'est la date de lancement du MK-Ultra, le « projet de la CIA visant à développer les techniques de contrôle et de programmation de l'esprit », qui aurait « pris fin dans les années 1970 ». Nos trois amis me trouvent bien naïve de ne voir qu'une coïncidence dans le fait que Brigitte soit née le même jour qu'un programme américain de contrôle de l'esprit. Je comprends mieux pourquoi Lucas, bien que beaucoup plus jeune qu'elle, a proposé ses services à Natacha. « Une évidence, m'explique-t-il. Que Brigitte soit un trans, on s'en tape. On est homos, la communauté LGBT, on la connaît très bien, ce n'est pas le sujet. » Ah, mais alors, quel est le sujet ? « Le grand sujet de cette affaire, c'est le mensonge : jusqu'où va le mensonge dans notre société ? » Puis il déroule sa réflexion méthodiquement, en « trois points », comme on le lui a sans doute appris quand il était un brillant étudiant de classe préparatoire littéraire, en hypokhâgne.

« 1. Si on demandait à un panel de gens : "Est-ce

que vous trouvez normal qu'un enfant de quinze ans ait eu une relation sexuelle et sentimentale avec un individu de quarante ans ?" une majorité dirait "non".

« 2. Trente ans plus tard, quel est l'état psychiatrique de cet enfant ?

« 3. Qu'est-ce qui en découle pour la société française, si cet enfant est devenu un président de la République ? »

Je ne comprends pas bien le sens du troisième point, je demande à Lucas de développer. « Aujourd'hui, Macron, "papa de la République", veut reproduire et étendre le modèle dans lequel il a été psychologiquement formaté jeune. » Mes trois interlocuteurs guettent ma réaction horrifiée de « journaliste mainstream ». Je ne moufte pas, j'attends la suite... « Vous avez vu la campagne sur le site de la CAF "Mon enfant est transgenre, comment bien l'accompagner" ? » Je ne l'ai pas vue, alors il me la montre sur son téléphone. Je réplique que je n'y vois pas de prosélytisme, mais simplement le fait que la CAF essaie d'accompagner des problématiques sociétales qui prennent de l'ampleur. « C'est une vision de société qu'Emmanuel Macron et son gouvernement cherchent à propager », insiste-t-il, approuvé par Hugo et Natacha. Ils évoquent le nombre de ministres ouvertement homosexuels dans le gouvernement Macron. « Combien y a-t-il d'homos dans la société ? 2 % ? Combien sont-ils en pourcentage au gouvernement ? » Je n'en reviens pas : j'ai déjà entendu

Natacha développer cette rhétorique, mais l'entendre de la bouche même de deux homosexuels, c'est assez sidérant. Au bout d'une bonne heure de conversation, en confiance, Lucas se lâche : « J'ai envie de vous dire le fond de ma pensée. — On avait dit qu'on ne le ferait pas ! » le coupe Hugo. Ils rient. « Bah si, j'ai envie, poursuit Lucas. Voilà, j'ai établi une échelle des consciences, que je voudrais vous partager :

« De 1 à 3 : les gens qui ne se posent pas de questions, pour lesquels tout va bien, qui se sont rués sur le vaccin quand il est arrivé, parce qu'on fait confiance à l'État, on nous veut du bien.

« De 3 à 5 : on commence à comprendre qu'il y a des problèmes, des gens méchants dans le système, soit de l'incompétence, soit de la corruption financière.

« De 5 à 7 : on comprend que les élites ne veulent pas du bien aux gens, ce n'est pas de l'incompétence.

« De 7 à 10 : c'est là où ça va coincer pour vous, mais je vous le dis : on comprend qu'il s'agit d'une guerre spirituelle, dans le sens le plus profond du terme. »

Une guerre spirituelle ? Je l'invite à préciser. « À ce stade du mensonge, ce n'est plus la question de l'argent ou du pouvoir seulement qui les motive. Ils ont scindé les familles, détruit les valeurs humaines, instauré un système qui attaque les enfants. » Laura et Natacha avaient tenu devant moi un discours un peu similaire, lors de notre déjeuner à Amiens, en évoquant une « inversion des valeurs ». Mais Lucas va encore plus loin : « Ces gens-là sont des satanistes. » Natacha proteste : « Nan, mais si Emmanuelle écrit ça, ça va me décrédibiliser ! » Mais Hugo et Lucas sont sur leur lancée, ils ont envie de poursuivre. Ils me montrent une vidéo sur Snapchat, TikTok et Instagram, dans laquelle le président répond aux questions des Français sur la vaccination. « Que voyez-vous sur son tee-shirt ? » Euh, une forme géométrique, trois triangles et deux ronds. « Non, mais regardez mieux. — Je regarde et vraiment, je ne vois pas. — C'est un hibou ! » En effet, maintenant qu'ils le disent… peut-être, un hibou, mais stylisé. Et alors ? C'est un problème si le président aime bien les hiboux ? « Le hibou, c'est Moloch dans la Bible, le monstre à qui il faut sacrifier les enfants, un signe de reconnaissance des réseaux pédophiles. » Natacha pense même que le coup du hibou sur le tee-shirt, « c'est de la provocation. Pour nous faire réagir, et nous les “complotistes”, pour que les gens nous prennent pour des fous ». J'effectue une recherche rapide ensuite sur internet, je vois qu'il y a eu débat autour de ce tee-shirt avec logo stylisé de hibou. *Ouest-France* en a même fait un article. Son journaliste a cherché en vain ce que signifiait ce sigle, quelle marque il représentait. Il a interrogé l'Élysée, qui n'a pas souhaité répondre. Les hiboux « sont traditionnellement associés à la magie, à la sorcellerie, aux maléfices », a encore écrit le journal. Ils sont aussi « le symbole de la philosophie » et

« le logo du Bohemian Club, en référence à un club américain fondé par deux journalistes américains en 1872, ultra-select et secret ». Je découvre que ce Bohemian Club, réservé aux hommes, regroupe aujourd'hui les plus puissants politiques conservateurs et businessmen américains, qui paient la bagatelle de 25 000 dollars pour avoir le droit de se retrouver chaque mois de juillet à boire des bières dans les bois, dans une propriété californienne. Les adhérents cagoulés assistent au début de leur séjour à une cérémonie d'ouverture aux rites druidiques, au bord d'un lac, devant une statue de hibou géante. Un article de 2017 sur le site Slate explique qu'au terme de la cérémonie, une barque contenant un cercueil dérive jusqu'au Hibou, puis est brûlée sur un bûcher. Dans ce cercueil, il y aurait une effigie d'enfant, l'incinération symbolisant la disparition des soucis pour les membres du club. Ça paraît dingue. « C'est un club occulte, où se passent des choses cachées et terribles », commente Lucas, la voix tremblante de dégoût. Il nous montre l'extrait d'un film, *Dark Secrets Inside Bohemian Grove*, tourné par Alex Jones, un animateur de show complotiste très connu aux États-Unis, qui s'est infiltré en 2000 et aurait filmé la cérémonie. « Regardez, Emmanuelle : ce journaliste raconte que la nuit, pendant qu'ils se rencontrent dans cette forêt, les enceintes diffusent des pleurs d'enfants. » On ne voit pas grand-chose dans cet extrait, on entend des bruits étranges diffusés par des haut-parleurs, dans une forêt, mais pas des pleurs d'enfants, on distingue un bûcher au loin. Je ne décèle rien d'horrible, mais je me dis que des grands de ce monde qui se réunissent en secret, avec des rites aussi étranges qu'ubuesques, jettent forcément le trouble dans les esprits : tous les ingrédients sont là pour que ce Bohemian Club devienne dans l'esprit des défiants une illustration de la haute perversion sataniste et criminelle dont ils suspectent les élites. Chez eux, le monde entier se perçoit au travers d'un filtre glauque et sale. Je regarde Lucas et Hugo, jeunes, sympathiques, intelligents, éduqués, bien intégrés dans la société, les deux pieds dans leur époque. Et pourtant si loin, sur leur rive. Ils sont persuadés de tout ce qui vient d'être dit. Ils ne me demandent pas d'y croire. Mais s'ils ont accepté ma visite, c'est qu'ils brûlent d'être entendus.

Ce jour-là, Lucas et Hugo, à défaut de m'emmener sur leur rive, me conduisent en lisière de ville, dans leur petit appartement avec vue sur la montagne. J'y retrouve un joyeux bazar de jeunes, guitare, synthé, vitrine avec des figurines Pikachu, et dans un bureau, de grands écrans d'ordinateur pour pros de l'événementiel sur lesquels Lucas essaie depuis une semaine, donc, d'assembler méthodiquement les pièces de la démonstration de Natacha. Il a même acheté exprès une relieuse, à 250 euros. Cadeau pour la cause. Hier, il a bossé jusqu'à 2 heures du matin. Cette nuit, ce sera encore plus long sans doute. Le temps presse, Natacha repart demain, et lui, dans la foulée, prend l'avion pour un salon à l'autre bout de la France. « J'ai un boulot de fou, mais j'ai promis de terminer ce travail, et on le fera. » Ils y passeront effectivement une partie de la nuit. Le lendemain, Natacha, ravie, soulagée, monte dans son train avec une clef USB et plusieurs exemplaires reliés de son épais dossier, qu'elle compte donner aux juges. Enfin armée, croit-elle, pour convaincre la justice.

- 6 -

Les gens d'en face

Catherine se réveille tranquillement chez elle, dans sa jolie maison normande. Les oiseaux chantent dans le jardin, en ce 21 juin 2021. Le chat miaule, il a faim. Elle prend son téléphone portable et découvre qu'un message lui a été envoyé sur WhatsApp dans la nuit, à 3 heures du matin : « Je sais tout. Absolument tout. Pour vous, pour Jean-Louis, pour Jean-Michel. » Catherine tombe des nues. Elle ne connaît pas le numéro de l'expéditrice, dont la photo de profil affiche une jolie femme blonde, souriante. Elle montre le message à Jean-Louis, son mari. « Tu y comprends quelque chose, toi ? C'est qui ce Jean-Michel ? » Il ne comprend pas davantage. Catherine s'interroge. Qu'est-ce qui peut bien leur valoir un tel message ? L'ex-hôtesse commerciale chez Japan Airlines a passé sa vie à voyager dans le monde entier, parle plusieurs langues couramment, a connu les plus beaux hôtels, les plus belles plages. Une jolie vie libre, légère, sans enfants. Elle avait la cinquantaine quand elle a rencontré Jean-Louis, patron d'une entreprise de parfum, dans les années 1990. Ils formaient un beau couple tous les deux. Elle fine, blonde, vive, extravertie, artiste. Lui, brun, calme, et plus secret. Depuis leur retraite, ils vivent tranquillement près de Honfleur. Jean-Louis est médiateur au tribunal de justice de Lisieux, il fait du golf, du bateau. Catherine s'est mise à la peinture et au dessin. Elle réalise des portraits, de proches, d'enfants, de son chien aussi. Son cocker, c'est sa passion. Régulièrement, elle poste ses œuvres sur sa page Facebook. Elle a un joli coup de crayon, qui lui permet d'exposer de temps en temps dans la région. Son numéro de téléphone est visible sur sa page, n'importe qui peut l'appeler. Mais vraiment, se dit-elle : ce message-là ne ressemble pas à ceux qu'elle reçoit habituellement, il n'a rien à faire sur son téléphone, ni dans sa vie.

Le lendemain, un deuxième message, plus précis encore, arrive : « Votre mari n'a jamais eu de cousin banquier nommé André-Louis [...] Tout ceci est un tissu de mensonges et de contre-vérités, un personnage fictif et une bio inventée de toutes pièces à partir d'éléments de la vie de votre mari, Jean-Louis Auzière [...] des faux, des falsifications, de la manipulation à grande échelle... le rôle défini de chacun dans cette affaire éclatera au grand jour. » Catherine est sidérée. « Je n'y comprenais rien. Je ne connais pas la famille de Jean-Louis, avec laquelle il a très peu de contacts, je ne savais même pas qui était cet André-Louis », me raconte-t-elle dans le salon de sa grande maison normande, où elle me reçoit, deux ans après avoir reçu ces messages. Un salon spacieux, avec ses toiles accrochées au mur, de vieux canapés en cuir profonds, un feu de cheminée, et du whisky pour les visiteurs. Le couple est aussi aimable qu'accueillant. Catherine, tout particulièrement, a envie de communiquer sur cette « histoire folle » qui lui « pourrit la vie ».

Lorsque Catherine reçoit les messages via WhatsApp, elle découvre la photo de Natacha Rey, « une jolie blonde », et remonte ensuite facilement jusqu'à son compte Facebook. Elle y apprend que Natacha Rey, puisque c'est elle, raconte des tas de trucs « absurdes et horribles » sur elle, Jean-Louis et Brigitte Macron. Les jours suivants, les messages continuent d'affluer sur son téléphone. « Je sais que vous êtes la mère des enfants. Ils vous ressemblent, surtout Sébastien. » Les messages sont de plus en plus extrêmes et insultants.

« On a commencé à avoir peur, me confient Catherine et Jean-Louis. On s'est dit qu'il fallait agir, et joindre Brigitte, qui était directement concernée. » Jean-Louis m'explique qu'il a bien connu André. « Il est né et a grandi en Afrique, mais il revenait régulièrement en France. On a passé une partie de notre enfance ensemble, à Cannes, dans la maison de famille. C'est un neveu, mais par un jeu de décalage de générations, ma mère m'ayant eu très tard, je suis de la même génération que lui. On est nés à un an d'intervalle, moi en 1942, lui en 1941. Et hasard du calendrier, on est nés à la même date, le 28 février tous les deux, une coïncidence qui excite beaucoup semble-t-il cette dame complotiste. » Natacha, effectivement, voit dans cette concordance « un procédé typique des services secrets qui brouillent les pistes » : « André (Louis) et Jean-Louis ont presque le même prénom, mais pas complètement, sont nés le même jour, mais à une année près, en fait Jean-Louis "nourrit la légende" de l'existence d'André. » Jean-Louis aurait adopté les trois enfants pour leur donner son nom... et serait peut-être aussi un membre des services secrets, avec une vie fabriquée et sous une fausse identité. Je n'y comprends plus grand-chose à ce stade, mais il paraît que dans la série *Le Bureau des légendes*, très réaliste sur les services secrets, ce type de procédé est bien expliqué. Pendant que je lui déroule les théories de Natacha, Jean-Louis secoue la tête en souriant et lève les yeux au ciel.

J'aurais aimé qu'il me raconte le fameux mariage d'André et Brigitte en 1974, objet de tous les fantasmes, mais il n'y était pas. « J'étais à l'étranger à ce moment-là. Brigitte, je l'ai connue et fréquentée plus tard, jeune maman, quand on était en vacances à Cannes. Tout le monde l'appelait "Bibi". Elle était toute mince, comme aujourd'hui. Elle était aussi gaie et spontanée, l'antithèse de la famille Auzière, très austère. Elle venait souvent profiter de ma piscine, dans la propriété que j'avais achetée à Cannes, près de la maison familiale des Auzière. Son fils Sébastien avait l'âge de mon fils aîné. Elle aimait bien aussi faire des tours sur mon bateau. » Jean-Louis se croit obligé, vu les raisons de notre rencontre, de préciser : « En bateau, on vit forcément dans la promiscuité, je peux vous assurer que c'est une femme. » *Quid* d'André, le mari ? « Il ne venait pas sur le bateau ni à la piscine, il préférait la plage. »

Il explique qu'il a perdu tout contact avec son neveu après la séparation avec Brigitte. « Il a coupé avec tout le monde sauf ses enfants. Même avec ses sœurs ! Quand la famille a voulu vendre la maison de Cannes, qui était en indivision, le notaire a mis deux ans à retrouver sa trace », assure-t-il. Sylvie Bommel, une des biographes de la Première dame, raconte même qu'André ne serait pas venu aux obsèques de sa propre mère pour éviter Brigitte, qui y était, elle. « C'est faux, il y était ! » s'agace Jean-Louis.

En cet été 2021, après les messages de Natacha, Jean-Louis préfère passer d'abord par la fille de Brigitte, Laurence, qui est aussi sa cardiologue. « Laurence nous a dit tout de suite : "Appelle maman, elle aussi pense à porter plainte." » Il appelle, Brigitte décroche directement : « Elle me dit qu'elle est désolée, que tout ça c'est de sa faute, qu'on doit porter plainte, et qu'elle est OK pour une action conjointe. J'entends la voix d'Emmanuel Macron derrière, il lui demande de se dépêcher, ils doivent partir. Avant de raccrocher, elle me promet qu'elle m'envoie une copie de son livret de famille, ce qu'elle a fait. Je lui avais aussi demandé de certifier par écrit que c'était bien elle sur la photo de mariage de 1974 avec André, ce qu'elle n'a pas fait. Je ne l'ai plus eue directement sur ce sujet ensuite. »

Catherine et Jean-Louis vont porter plainte contre Natacha Rey au commissariat. Ils entrent aussi en contact avec l'avocat de Brigitte, lui envoient leurs documents. Mais quelque temps après, Brigitte rappelle Jean-Louis. « Elle m'a dit que l'Élysée préférait qu'on fasse deux actions séparées. J'ai pris ça comme un lâchage en direct. Ça voulait clairement dire : "Si tu veux continuer, débrouille-toi, prends un avocat de ton côté." On avait déjà porté plainte, on ne pouvait plus faire marche arrière, donc on a continué seuls. Depuis, quand j'essaie de rappeler Brigitte, je ne tombe plus sur elle, mais sur son secrétaire, elle est devenue injoignable. » Il hausse les épaules. « Bon, ce n'est pas très important. » On les sent amers, les Auzière. Victimes collatérales de cette histoire folle, ils se trouvent bien seuls, pour ne pas dire abandonnés. « On ne se sentait pas en sécurité. On savait que Laurence avait été attaquée deux fois, dans son cabinet médical. Le deuxième agresseur a même fait de la prison ! » Ils l'apprendront plus tard, mais d'autres proches de la famille Auzière auraient été insultés, et même agressés chez eux. Ils ne veulent pas m'en dire plus, « pour leur sécurité ». La police à l'époque leur donne un numéro direct d'urgence, à composer en cas de problème. « Ils passaient faire des rondes régulières. On avait peur, j'ai commencé à prendre des anxiolytiques. Il m'est devenu impossible de continuer à peindre et de mener une vie normale, soupire Catherine. On n'imaginait pas que ce n'était qu'un début, avec tout ce qui allait encore nous tomber dessus. » Les enjeux de cette affaire dépassent évidemment le commissariat de Deauville, leur cas est traité en haut lieu. Le 11 juillet 2021, à l'autre bout de la France, les gendarmes sonnent à la porte de Natacha pour l'emmener au poste et l'interroger. « Je n'y suis pour rien, moi, je n'aurais pas imaginé que cela se terminerait en garde à vue, ils ont fait du zèle, commente Catherine. Je voulais juste qu'ils lui disent d'arrêter ses messages. »

L'émission d'Amandine, en décembre, propulse les Auzière dans une nouvelle tempête. Natacha y clame avec violence que Catherine et Jean-Louis symbolisent à ses yeux « la haute bourgeoisie », « l'entre-soi » ; « la classe qui ne se mélange pas avec les gens du peuple, vous ne les verrez jamais mariés à des caissières de supermarché ou des électriciens » ; « Ils ont une magnifique propriété à Honfleur, ils sont amis avec le maire de Honfleur, avec la maire de

Deauville, ils fréquentent des gens du show-biz [...] et nous, nous sommes les gueux et nous n'aurions pas le droit de parler d'eux et de révéler leurs petits secrets, tous leurs travers ». Le couple Auzière vit certes dans une maison pavillonnaire bourgeoise, mais qui n'a rien d'ostentatoire. « Elle fantasme sur tout, soupire Catherine. J'aimerais bien être riche, être issue d'une famille de "châtelains", comme elle l'affirme. Mais c'est faux. Elle explique aussi que je fréquente des stars, juste parce que j'ai pris une fois une photo de Didier Barbelivien, lors d'un vernissage ! » Derrière les fantasmes de Natacha, l'amertume caractéristique des défiants, qui se sentent exclus d'un monde qui va bien et qui l'affiche sur les réseaux sociaux. Cette amertume qu'on a vue graduellement se muer en colère et en violence depuis les Gilets jaunes et qui, comme un boomerang via les réseaux sociaux, vient soudainement frapper à la porte, dans ce petit coin de Normandie où Catherine et Jean-Louis pensaient vivre leur retraite tranquille, entourés de leurs animaux de compagnie.

Pour aller en justice, le couple Auzière loue les services d'un vieil avocat de Honfleur, Maître Mons, réputé pour son sérieux. Pointilleux et paternaliste, il s'adresse à Catherine « comme à une petite fille » et lui interdit de répondre aux attaques sur Facebook avant le procès. C'est d'autant plus frustrant que, depuis l'émission, les trolls l'assaillent. La contre-offensive se fera donc dans la discrétion. Le couple constitue son dossier comme il peut. Les éléments sont plus faciles à rassembler du côté de Catherine, qui récolte plusieurs courriers de collègues de la Japan Airlines où elle a travaillé des années, et de membres de sa famille, attestant ne l'avoir jamais vue enceinte. Et puis elle a gardé ses vieux passeports, avec les tampons de ses voyages : « Laurence est née le 26 avril 1977, j'atterrissais à Bangkok le 28 ! Tiphaine est née le 30 janvier 1984, j'avais été embauchée trois mois plus tôt à la Japan Airlines. Et aucun collègue n'aurait vu que j'étais enceinte ? » Elle est là, à nous montrer les documents un à un, prise à ce jeu absurde, malgré elle, de devoir justifier sa propre existence. Sur cette histoire qui n'est pas complètement la sienne, Jean-Louis a plus de mal à fournir des documents à la justice.

Pour prouver qu'il n'est pas André, que celui-ci a bien existé, Jean-Louis aurait eu besoin des attestations des sœurs d'André. Il se heurte au black-out. « Elles ont refusé de témoigner, sous prétexte qu'elles ne veulent rien avoir à faire avec cette histoire. Peut-être qu'elles avaient peur. » D'ordinaire placide, il ne cache pas que leur refus l'a touché, et déçu. Il se dit même en froid avec elles depuis. Après cette conversation, j'ai moi-même essayé de contacter deux des sœurs d'André, qui ont chacune décliné. « Je ne parle pas des histoires de famille », m'a répondu Hélène avant de refermer la porte de son appartement parisien. Seul un neveu de Jean-Louis a accepté d'attester par écrit auprès de la justice qu'il était présent au mariage de Brigitte et André en 1974. J'aurais aimé qu'il me raconte le mariage, j'aurais enfin pu relayer quelques bribes de « réalité » auprès de Natacha, mais il n'a pas répondu à ma demande d'entretien. Jean-Louis, qui a divorcé avant de rencontrer Catherine, n'a pas gardé beaucoup de traces de sa vie d'avant. Il retrouve néanmoins quelques photos de lui jeune, prouvant à la justice qu'il n'est pas le marié de la photo de mariage de 1974 avec Brigitte. Et il ajoute au dossier une photo d'André. Une photo que les biographes auraient tant aimé trouver. Elle est en noir et blanc. Un homme mince et chauve, en maillot de bain, pose debout devant la mer et un ponton de bois. Le regard est sérieux. Au-dessus du cliché, on peut lire : « André Auzière / Cérémonie 28 décembre 2019 ». Et juste en dessous : « À notre ami, notre frère, notre compagnon, notre grand-père, notre papa ». « Cette photo est extraite d'un livret, distribué pendant les obsèques, explique André-Louis. Elle accompagnait des textes de prière. »

Jean-Louis, prévenu par les sœurs d'André, est allé aux obsèques, qui ont eu lieu au crématorium du Père-Lachaise « quatre jours seulement après le décès. Aucune information n'avait filtré dans les journaux, l'Élysée voulait que ça aille vite, il paraît qu'Emmanuel Macron s'est personnellement impliqué pour que ce soit le cas », dit-il. Les obsèques express, organisées en catimini et à la va-vite, au petit matin, à 8 h 30, « avant l'heure d'ouverture pour échapper aux journalistes. Le fameux livret avec la photo était posé sur les chaises. Une douzaine de personnes étaient présentes, assises en clans distincts. D'un côté les sœurs d'André, de l'autre les trois enfants de Brigitte, Tiphaine, Laurence et Sébastien, les uns et les autres ne s'étant plus parlé depuis la séparation. Brigitte n'est pas venue. La compagne d'André, inconnue de tous, était là aussi, un peu à part. Chaque partie a lu un texte. En vingt minutes, la cérémonie a été terminée. La compagne s'est éclipsée tout de suite. Après, je suis allé avec les enfants Auzière et les sœurs d'André prendre un café/croissant. Des membres de la sécurité montaient la garde dehors. On a fini par les faire entrer, tellement il faisait froid. L'atmosphère était lourde, chacun est vite reparti ensuite ». Le décès ne sera révélé publiquement qu'un an après, par Tiphaine, le 8 octobre 2020, dans *Paris-Match*, décidément canal de communication récurrent de la famille : « Mon père est mort, je l'ai enterré le 24 décembre dernier dans la plus stricte intimité. Je l'adorais, c'était un être à part, un anticonformiste qui tenait plus que tout à son anonymat. Il faut le respecter. » On notera que la date du « 24 décembre » est sans doute une erreur, puisque ce serait celle du décès, et non des obsèques, qui auraient eu lieu le 28. Elle est immédiatement pointée par Natacha et ses troupes qui y voient une preuve, encore une, du mensonge. « Sa propre fille se serait trompée sur une date aussi importante ? s'étonne Natacha, ou ils auraient laissé le journaliste la faire, sans la rectifier ? Et on apprend en plus le décès un an après ! Il n'y a eu aucun paparazzi, aucune presse people pour l'ébruiter avant, alors que c'est la famille la plus scrutée de France ? Personne ne peut croire cela. Moi, je pense qu'ils ont annoncé son décès parce que la légende de son existence devenait trop encombrante face à nos questions. »

Quelques jours avant le procès qui l'oppose à Catherine et Jean-Louis, Natacha découvre dans le dossier d'instruction les pièces fournies par ceux qui l'attaquent en justice. Parmi ces pièces, elle tombe sur la fameuse photo d'André Auzière en maillot de bain, distribuée lors de ses obsèques. Elle s'en étrangle. « Ce faire-part de décès ne peut pas être réel ! » m'écrit-elle en m'envoyant des faire-part trouvés sur internet, immuablement illustrés par des photos d'hommes habillés. « On ne met pas un homme en maillot de bain sur un faire-part de décès ! C'est du fake, et en plus ils nous prennent vraiment pour des cons ! » Je lui rétorque que si c'était un fake, ils auraient justement mis une photo plus passe-partout. Que s'ils n'ont pas indiqué de lieu, c'est sûrement pour ne pas alerter les journalistes. Elle réplique que « s'ils avaient mis une adresse, on aurait pu aller vérifier ». La photo circule sur internet, sous les ricanements des défiants.

J'interroge Jean-Louis sur ce choix de photo étrange. « Je comprends qu'elle puisse surprendre, me répond-il, mais c'est pourtant bien une photo d'André, et je reconnais le lieu, elle a été prise au Mouré Rouge, la plage près de leur maison de Cannes. Je crois que c'est la seule photo qui a été retrouvée, quand ils en ont cherché une pour les obsèques, parce que toutes les autres ont été détruites. » Détruites ? J'ai beau ne pas être Natacha Rey, je suis malgré tout un peu perplexe. Quoi, il ne resterait de la vie d'un homme (outre sa photo de mariage) qu'une photo en maillot de bain pour illustrer son départ définitif ? Ses sœurs n'ayant pas souhaité me parler, ses enfants non plus, j'ai appelé quelques anciens collègues, via des groupes Facebook regroupant des anciens de la banque. Ils évoquent tous avec enthousiasme « Dédé », « gentil, cultivé, poli », qui parlait beaucoup de ses enfants, qu'il adorait. Dédé, qui « fumait trop », qu'ils sentaient « seul », « dévasté » par son histoire de couple. L'un d'eux m'envoie un trombinoscope professionnel, du milieu des années 2000, où André pose, sérieux, en costume cravate, au milieu de ses collègues de l'agence bancaire d'Amiens. On y reconnaît bien le marié de 1974, même s'il a commencé à perdre ses cheveux. Ces collègues sont restés en contact les uns avec les autres, après leur retraite. Pas lui, qui a coupé les ponts. Avec eux aussi.

André Auzière a disparu des radars. Sur son acte de décès, on peut lire qu'il était domicilié à Ménouville, un petit village en grande banlieue parisienne. Je suis allée faire un tour à l'adresse indiquée, une jolie maison de pierre, dans un hameau de campagne, sans vie, sans commerces. La maison n'était pas louée à son nom, vraisemblablement au nom de sa compagne. Les voisins, derrière leurs murs, s'avèrent mutiques. Le maire ne se souvient plus bien non plus de cet homme qu'il pense avoir croisé une ou deux fois…

Dans un article de *Paris-Match*, le 3 mars 2022, la journaliste Sophie des Déserts a écrit qu'il aurait en fait fini ses jours en clinique psychiatrique, avec une garde à sa porte supervisée par Alexandre Benalla, le fameux « monsieur sécurité » au parfum de soufre de l'Élysée. L'information a été démentie le jour même sur Twitter par Tiphaine, qui écrit ne « pas accepter qu'on porte atteinte à la mémoire de mon père. Les informations de #ParisMatch ce jour sont erronées. Mon père n'a jamais été reclus dans une clinique psychiatrique surveillée par un dispositif de sécurité #respectdelamemoiredenosprochesdisparus ». On imagine en tout cas ce qu'il a dû vivre, lorsque Brigitte et Emmanuel ont commencé à attirer la lumière des caméras et la curiosité des journalistes.

André Auzière, selon son acte de décès, est mort le 24 décembre 2019 à l'hôpital Georges-Pompidou, dans le XVe arrondissement de Paris, à l'âge de soixante-huit ans. D'après Jean-Louis, sa compagne aurait retrouvé des billets pour l'Afrique dans la poche de sa veste, et un sac avec beaucoup d'argent dedans. « Il avait vidé ses comptes, organisé son départ en douce, il rêvait tellement d'y retourner. » Si ce qu'on a raconté à Jean-Louis est vrai, la réalité dépasse parfois l'imagination, même celle des défiants.

Dans leur salon, Jean-Louis et Catherine confient qu'ils en ont assez de cette histoire qui « phagocyte » leur vie. D'abord, ça leur a coûté cher, « 10 000 euros de frais de justice ». Enfin plus exactement 5 000, car ils ont été remboursés d'une partie de leurs frais de procédure. N'empêche, ils auraient préféré investir ces 5 000 euros dans leur cuisine, « qui en aurait bien besoin ». Assise dans le vieux canapé de cuir, face au feu de cheminée, Catherine a posé sur ses genoux le gros classeur rose où elle a scrupuleusement consigné ces dernières années les posts écrits par Natacha sur Facebook, les messages, les photos... Elle-même a enlevé de son compte Facebook les portraits d'enfants qu'elle avait peints, notamment celui qui ressemblait tant à Laurence, la fille de Brigitte, quand celle-ci était petite. D'ailleurs, elle dit qu'elle n'arrive plus vraiment à peindre. « J'ai eu Natacha et le Covid en même temps, ça fait trop, soupire-t-elle. Si vous tapez notre nom, c'est l'affaire qui ressort. C'est simple, on n'a plus d'existence. » Ce qui, pour une artiste, est encore plus embêtant : « Mon nom n'existe plus qu'à travers celui de Brigitte maintenant. Je n'ai plus l'inspiration, plus envie de signer "Auzière", ça a cassé quelque chose. » Autour d'eux, les amis les soutiennent, certains rigolent sous cape. Mais ce qui la rend vraiment dingue, c'est ce qui s'est passé, lors d'un dîner chez des amis à Honfleur. Lorsqu'en évoquant l'affaire, l'épouse du copain médecin a dit : « Bien sûr, tu n'es pas la mère, Catherine, mais Brigitte... c'est un homme ? »

- 7 -

À la barre

« Quoi ? Mais ce n'est pas possible ! Mais non, le procès n'a pas pu avoir lieu puisque je n'y étais pas !! » Dans le hall de l'hôtel, Natacha vacille. Ce 12 janvier 2023, elle a accepté que je la suive à Amiens pour rencontrer Laura, sa « collaboratrice » du Nord de la France. La journée a été longue, il est environ 20 heures, on s'apprêtait à sortir dîner lorsque le téléphone a sonné. Et Natacha, devant moi, s'est littéralement décomposée. « Mais la presse dit n'importe quoi ! Ils doivent se tromper ! » dit-elle d'une voix tremblante à son interlocuteur. « On ne peut pas être jugées : on n'y était pas à ce procès, je n'ai pas reçu de convocation ! Je n'étais même pas au courant ! » La voix à l'autre bout du fil insiste. Natacha raccroche, me regarde, en panique. « On me dit que le procès contre les Auzière a déjà eu lieu, avant-hier, le 10 janvier ! Il y a même des articles qui en rendent compte dans la presse locale, mais ce n'est pas possible ! » Elle scrolle frénétiquement sur son téléphone, je regarde aussi de mon côté. Je tombe sur un compte rendu d'audience d'un journal local de Lisieux. Le procès a bien eu lieu, en présence de Jean-Louis et Catherine Auzière, qui l'attaquent notamment pour avoir dit que Catherine serait la « mère porteuse » des trois enfants Auzière, et que Jean-Louis aurait opéré des falsifications, « bidouillage et maquillage » d'actes d'état civil. Et le délibéré, indique la presse, est prévu le 14 février. « Le délibéré ? Mais ça veut dire quoi "le délibéré" ? » s'affole Natacha, toujours dans le couloir de l'hôtel. « Ils vont nous juger sans nous entendre ? Ce n'est pas légal ! » Hébétée, sonnée, elle cherche à comprendre l'impensable. Ce procès, qu'elle attendait depuis si longtemps, lui est donc passé sous le nez ! « Mais comment est-ce possible ? »

Citoyenne jusqu'ici sans histoire, Natacha ne connaît rien au fonctionnement de la justice. Elle ne s'était pas effrayée d'avoir trois procédures sur le dos, pour atteinte à la vie privée ou diffamation, lancées par le couple Auzière, Brigitte Macron, ses trois enfants et Jean-Michel Trogneux. Elle ne s'étonnait pas davantage que ce dernier ait pu entamer une action judiciaire alors qu'à ses yeux, il n'existait pas. « Ah, ah, ah, ils vont bien voir ! » disait-elle souvent. Natacha rêvait de se retrouver face à chacun. Elle imaginait qu'elle aurait du temps, que les juges décortiqueraient son fameux dossier, réaliseraient l'ampleur de son travail et la pertinence de ses révélations. Elle rêvait que la justice demande des tests ADN à Brigitte et Catherine. « On aurait la réponse ! Enfin, si le test était fait par un laboratoire indépendant, pas en France, bien sûr. Je suis prête à offrir mes excuses si on me prouve que je me suis trompée ! » Elle était sûre de son bon droit, s'appuyait sur la « liberté d'expression et le droit d'enquêter. Je suis considérée comme une journaliste indépendante par la justice ». La réalité l'a vite rattrapée. Elle s'est retrouvée « envahie par la paperasse, les lettres recommandées du tribunal, à aller chercher chez les huissiers… Quand j'y vais, il y a le nom "Brigitte Macron" écrit en gros, on me regarde de la tête aux pieds, j'ai honte, c'est violent ». Elle a découvert la justice et ses méandres, ses règles pointilleuses, sa lenteur, ses convocations qui arrivent avec retard, ses avocats à la fiabilité parfois incertaine, selon qu'ils sont payés ou non. Et Natacha ne les paie pas. La justice a un coût, Natacha pas un rond. La cagnotte de 5 000 euros, qui a financé des déplacements, des nuits d'hôtel pour « l'enquête », ne suffit clairement pas à payer sa défense pour l'ensemble des procédures. Heureusement pour elle, des avocats, attirés par la lumière, ont sonné à sa porte. Le premier, Frédéric Pichon, avocat de La Manif pour tous, proche du Rassemblement national, a fait un petit tour et puis s'en est allé, vite remplacé par le flamboyant Carlo Brusa, ex-avocat de footballeurs, figure du mouvement antivax sur les réseaux sociaux. Il n'a pas voulu défendre directement Natacha, sous prétexte qu'il la pénaliserait face aux juges avec son image « extrémiste ». Selon Natacha, il se serait contenté d'empocher 1 500 euros pour son statut de conseiller, avant de l'envoyer dans les bras d'une troisième avocate, Maud Marian. Allure de punkette, cheveux rouges et franc-parler, Maud Marian est une avocate militante, proche des Gilets jaunes, plus largement de tous ceux qu'elle appelle les « résistants ». Elle s'est fait connaître au moment du Covid en défendant le personnel de santé suspendu parce que non vacciné. Avec Carlo Brusa, elle a porté plainte pour les propos prononcés par Emmanuel Macron en janvier 2022 : « Les non-vaccinés, j'ai très envie de les emmerder. » Elle a aussi déposé une requête pour fraude devant la Cour européenne des droits de l'homme afin d'obtenir l'annulation de l'élection présidentielle de 2022. Pour mémoire, le soir du deuxième tour de l'élection, dimanche 24 avril, des internautes sur les réseaux sociaux s'étaient étonnés d'une séquence sur France 2 : une heure après l'annonce des estimations donnant Emmanuel Macron vainqueur, les résultats avaient continué à s'afficher en direct à la télévision, et un journaliste de France 2 plaçait Marine Le Pen en tête du scrutin avec 14 millions de voix, alors qu'en bas de l'écran, les estimations donnaient bien Emmanuel Macron vainqueur de l'élection à plus de

58 %. Le lendemain, la chaîne s'excusait, invoquant une « erreur de logiciel » qui avait amené à publier des « chiffres erronés ». Marine Le Pen n'a d'ailleurs pas contesté le résultat. Mais plusieurs fausses informations couraient déjà sur de potentiels trucages, et l'incident n'a fait qu'ancrer le soupçon chez les défiants. Selon une étude de l'institut Kantar Public (réalisée auprès de 1 000 personnes les 1er et 2 mai 2022), un Français sur cinq pensait que le résultat de l'élection présidentielle avait été truqué. Parmi ces Français, Natacha, évidemment.

Maud Marian a donc assez logiquement accepté de défendre la cause de Natacha Rey – et d'Amandine Roy, attaquée conjointement pour avoir laissé tenir les propos dans son émission. Dans un long entretien qu'elle m'a accordé, l'avocate s'avouait quand même un peu « étonnée de la naïveté » des deux femmes : « Ce qui m'a surprise, c'est qu'elles fassent une émission tellement polémique sans même penser à prendre conseil auprès d'un avocat. Elles croient vraiment que la liberté d'expression permet de tout dire. Elles n'imaginaient pas pouvoir être attaquées parce qu'elles pensaient avoir des preuves en béton. Elles ont mordu les chevilles du lion, le président de la République, l'homme le plus puissant de France, et elles s'étonnent de recevoir un coup de griffe ! Moi, je suis plutôt rassurée par le fait qu'elles n'aient "que" des procédures, et pas d'ennuis plus graves », sourit-elle, mi-figue, mi-raisin. Maître Marian est une défiante, catégorie pragmatique : « J'ai fait beaucoup de terrorisme, j'ai été sur écoute, Je suis surveillée sûrement, mais je constate que l'État n'a pas tous les pouvoirs. Nous ne sommes pas dans une dictature, contrairement à ce que certains fantasment. Et mes clientes ne subissent pas de pression ou de traitement particuliers dans cette affaire. » Les procédures judiciaires ont pris du temps, pas par malveillance, comme aurait voulu le croire un moment Natacha, mais pour des questions techniques. De renvoi en renvoi, les mois ont passé. L'audience de plaidoirie contre le couple Auzière était prévue ce fameux 10 janvier 2023. Mais Jean-Louis Auzière étant conciliateur de justice au tribunal de Lisieux, Maître Marian avait estimé que l'affaire devait être jugée dans un autre tribunal. Elle avait donc demandé auprès de la Cour de cassation ce qu'on appelle un « dépaysement ». Le 23 décembre 2022, l'avocate s'est vu notifier le refus de ce dépaysement. « Dans mon esprit, m'a-t-elle expliqué lors de notre rencontre, l'audience prévue quinze jours plus tard ne pouvait pas être une audience de plaidoirie, mais seulement une audience "relais", les délais étant très courts. » L'avocate, par ailleurs sûrement débordée, s'est donc contentée ce jour-là d'envoyer un correspondant local au tribunal pour représenter Amandine et Natacha et obtenir une nouvelle date de procès. Sauf que ce 10 janvier, le procès a bien été plaidé. En l'absence, donc, de la défense. Quand le correspondant en panique a appelé Maud Marian le matin pour la prévenir que l'affaire allait être plaidée le jour même, l'avocate assurait la défense d'un « résistant » en garde à vue à Paris. Elle n'avait pas préparé de plaidoirie, Natacha et Amandine Roy se trouvaient chez elles, à l'autre bout de la France, rien n'était prêt. Selon elle, le procès « aurait dû être reporté », en leur absence, « d'autant qu'il y avait eu des irrégularités de convocations, arrivées en retard, dans cette procédure. Je n'ai jamais vu tout ça dans un seul dossier, de ma vie professionnelle. Quand il y a une erreur, normalement, on re-convoque. Là, l'affaire a été jugée quand même ! Le dossier est délicat, tout le monde doit avoir peur, mais justement tout le monde devrait faire preuve de plus de rigueur ».

Comment peut-on, en France, au XXIe siècle, rater involontairement son procès, et être jugé en son absence, sans être défendu ? Sur le moment, Natacha s'est crue victime d'une justice aux ordres, qui se serait liguée contre elle. Mais l'explication est plus simple. Son avocate, prise par d'autres affaires, a mal évalué l'importance de cette audience. Peut-être peut-on juste supposer que Natacha aurait été mieux défendue si elle avait payé ses avocats. Cette situation ubuesque a en tout cas achevé de la convaincre de l'iniquité de la justice. Au tribunal, les juges, le couple Auzière, la presse locale ont cru que Natacha et Amandine avaient juste « fui » la confrontation. « Nous avons tous déploré l'absence des prévenues qui n'ont pas eu le courage de se présenter à la barre pour défendre leurs théories déviantes, a asséné l'avocat des Auzière, Maître Mons. C'est une manœuvre pour laisser penser [qu'elles] sont encore victimes d'une machination construite de toutes pièces par la sphère judiciaire. » Natacha et Amandine ont été condamnées à verser 3 000 euros chacune au couple Auzière, 2 000 euros pour leurs frais d'avocat. « En condamnant fermement ces deux diffamatrices puisque jugées comme telles, le tribunal correctionnel de Lisieux a clairement rappelé les limites de la liberté d'expression, encadrée par la loi de la liberté de la presse de 1881, et l'article 11 de la *Déclaration des droits de l'homme*, ô combien fondamentale », a poursuivi Maître Mons.

Pendant les semaines qui suivent, Natacha n'en dort plus, n'en mange plus, pleure et s'énerve beaucoup quand je l'ai au téléphone : « Tout le monde va retenir qu'on est condamnées, alors qu'il n'y a pas eu de vrai procès. Je n'attends plus rien de cette société, c'est l'injustice tout le temps, partout. Je suis fatiguée... Rien que d'en parler, ça me donne la nausée, je n'ai pas pu me défendre ! Ce procès est truqué, au service du pouvoir. Je ne paierai pas, je me suis déjà privée de manger, alors que ces gros richards d'Auzière gagnent ! Déjà ce procès était injuste, cela m'a valu une arrestation à domicile et on ne m'a toujours pas rendu mon iPhone. Mais là, je vais être de nouveau salie dans ces médias de merde ! Ils vont encore dire n'importe quoi… J'en ai marre, vraiment marre. C'est ça la justice en France ? »

Elle me transfère rageusement les quelques articles relatant la condamnation, accompagnés de virulents « faux ! », « menteurs ! », « manipulation ! ». Certains informatifs : « Deux femmes condamnées pour avoir affirmé que l'épouse d'Emmanuel Macron est un homme » (ladepeche.fr), d'autres plus engagés : « d'odieuses rumeurs transphobes » (*Gala*). Certains sites d'information en ligne font comme s'il ne s'agissait pas du procès de Natacha Rey contre Catherine et Jean-Louis Auzière, mais contre Brigitte Macron, forcément plus vendeur. Wikipédia fait aussi l'amalgame : sur la fiche de Brigitte Macron, on peut lire : « En février 2022, Brigitte Macron dépose plainte contre Amandine Roy et Natacha Rey au tribunal de Paris. En janvier 2023, le jugement a lieu et le verdict est donné en février 2023, où ces dernières écopent d'une amende de 2 000 euros chacune. » « C'est honteux ! s'étrangle Natacha. Ça arrange tout le monde de faire croire que la complotiste a perdu contre la Première dame ! » L'erreur, après quelques échanges tumultueux avec les modérateurs de Wikipédia, a fini par être rectifiée.

Natacha a fait appel de la décision de justice. Et cette fois, elle est là, quatre mois plus tard, en ce 9 mai 2023, à Caen, pour son procès en appel. Avec une immense soif de revanche. Mais aussi avec un énorme doute. Elle ne croyait déjà pas beaucoup à la justice avant, alors maintenant... Le lendemain, à 8 h 30, elle se retrouvera face au couple Auzière. Elle en rêve depuis tellement longtemps, de cette confrontation. Elle a hâte, mais elle a peur. Elle a loué un petit Airbnb ce soir, pour être sûre d'arriver à l'heure demain matin. Elle a traversé la France en train. Maintenant, elle s'essouffle dans les ruelles du centre-ville de Caen, tirant sa valise rose d'une main, portant de l'autre la sacoche en cuir noir offerte par Lucas. À l'intérieur se trouve le précieux dossier aux 320 pages. Elle vacille, s'appuie contre un mur, livide, le souffle court. Lucas et Laura voulaient venir la soutenir, mais ils n'ont pas pu, au dernier moment. Il devait y avoir aussi la présidente de l'association LGBT Exit Life, bien connue des Gilets jaunes, son camion rose accompagnait toutes leurs manifestations parisiennes. « Elle voulait m'accompagner pour montrer que je ne suis pas homophobe, mais elle a eu un empêchement », regrette Natacha tandis que je marche à ses côtés dans les ruelles du centre de Caen. Natacha est donc venue sans ses soutiens, ni sa famille. Et l'angoisse la submerge. « J'ai l'estomac noué, rien mangé depuis hier », murmure-t-elle. Elle l'ignore, mais Catherine et Jean-Louis Auzière sont à Caen aussi ce soir. Ils n'habitent qu'à une heure de voiture, mais par précaution, ils ont pris une chambre d'hôtel pour être sur place. « Pourvu qu'on ne descende pas dormir au même endroit qu'elle, m'a soufflé Catherine la veille, au téléphone. On a hâte de voir à quoi ressemble vraiment cette Natacha Rey, et de l'entendre s'expliquer enfin. »

Adossée contre le mur, Natacha hoquette : « Les juges ont sûrement reçu des ordres. Ils vont me laminer, je suis seule face à ce couple modèle de retraités normands bourgeois sans histoire. Même si je sais que c'est faux, c'est ce que les juges vont croire. Moi, je suis la lanceuse de fake news qui raconte n'importe quoi sur YouTube. Mais je n'ai jamais été malhonnête dans cette affaire, j'aurais toutes les raisons d'arrêter, je ne vois jamais le bout depuis deux ans. J'en ai marre. [Elle se met à pleurer.] Avec ce procès, je suis obligée de passer par là, une nouvelle humiliation. Et là, il y aura des journalistes de *Ouest-France* ou de *La Dépêche* et tout. Ils vont encore dire que je suis d'extrême droite, transphobe. En plus, c'était un combat trop lourd pour moi. Je suis quelqu'un d'hypersensible, de fragile. C'est un boulet que je traîne aux pieds. Je suis obligée d'aller jusqu'au bout. Mais ça a perturbé toute ma vie. » Natacha secoue la tête, respire un bon coup, se reprend comme toujours, tente de se rassurer. « Heureusement, maintenant, je crois que j'ai un bon avocat. »

En janvier 2023, après avoir raté son premier procès, Natacha s'est séparée de son avocate Maud Marian. Et en mars, un autre a pris le relais, elle me l'a alors annoncé via Telegram : « Maître Danglehant m'a proposé gracieusement ses services. Il va assurer conjointement ma défense pour les deux procès restants. [...] Il me soutient depuis le début et aurait souhaité être mon conseil au départ, malheureusement il était radié du barreau à l'époque, car persécuté par la Macronie. Il a notamment défendu deux des généraux qui ont signé une tribune dans *Valeurs actuelles*. Il a aussi gagné un procès contre le Grand Orient de France, et bien d'autres. » François Danglehant a accepté de me recevoir dans son cabinet, qui est aussi son domicile, dans la banlieue nord de Paris, à Saint-Denis. Une bicoque grise, à même la rue, volets fermés, porte d'entrée anonyme, blindage bricolé. Du bazar partout, une petite pièce au premier étage avec un vieux canapé défoncé, une kitchenette de bric et de broc. En revanche, tout a l'air bien rangé dans son ordinateur portable, d'où il ressort en deux secondes les pièces du dossier « Natacha Rey ». Manifestement, François Danglehant se fiche complètement de ce qu'on peut penser de son ménage. Verbe rapide, œil vif, lunettes juchées en permanence sur le front, il m'explique qu'il est devenu avocat sur le tard, « à quarante-cinq ans, sans le bac, après avoir été dessinateur industriel, marchand d'antiquités, ou encore entrepreneur en travaux ». Obsédé par son combat contre la « corruption de la justice », il se présente comme le roi de la procédure : « J'ai prouvé que des actes authentiques étaient des faux en écriture », m'explique-t-il fièrement – ce qui ne peut que plaire à Natacha, vu le nombre d'actes authentiques (actes de naissance, de mariage, de divorce et de décès) qu'elle déclare faux. Maître Danglehant semble aussi avoir l'habitude de faire annuler des élections professionnelles de confrères. « Ils m'emmerdent et je les emmerde ! » Il rit, s'enorgueillit de sa mauvaise réputation. Ses « emmerdes » sont autant de médailles : quatre procédures disciplinaires, « relaxé quatre fois ! ». Une interdiction d'exercer, « annulée aussi ! Ils veulent me démolir, mais c'est des billes ! ». Politiquement, il est très à droite, même s'il le réfute, lui aussi, décidément : « Vous savez, la droite, la gauche… » Il est surtout mû par une haine des « macronautes », mot qu'il prononce en boucle avec une grimace de dégoût à chaque fois. Pour lui, on est passés de l'État-providence à l'État prédateur. « Que de la pourriture ce pays », répète-t-il en secouant la tête. Il ne faut pas attendre longtemps pour que le sujet de l'homosexualité s'invite dans la conversation : « Dans la justice, les LGBT tiennent tout [il me cite des noms]. Ils arrivent par le réseau, ils trustent et trafiquent les procès. » Au procès en appel contre les Auzière, comme à son habitude, il a prévu d'attaquer la procédure et de plaider la nullité.

10 mai 2023, 8 heures du matin. Dans le hall moderne de la cour d'appel de Caen, Maître Danglehant est là, dans sa robe noire, prêt à plaider. Maître Mons aussi, accompagné de Jean-Louis, en veste bleu marine, et de Catherine, entièrement en noir.

Le couple s'avoue stressé. Catherine est agacée parce que son avocat lui a conseillé « de ne pas parler pour ne pas dire de conneries ! Mais je compte bien parler ! ». Elle chuchote que Jean-Louis est énervé aussi, pour une tout autre raison : « Il a envoyé le jugement du premier procès à Brigitte, il n'a même pas eu de réponse de sa part. » Leur avocat, Maître Mons, semble, lui, très détendu. Il me glisse d'un air gourmand : « Vous avez vu qui est l'avocat de Natacha Rey ? Il a même défendu Dieudonné ! »

Huit heures trente, c'est l'heure, mais Natacha n'arrive pas, ne répond pas au téléphone, les minutes passent. Va-t-elle encore rater son procès ? Maître Danglehant est inquiet. Elle finit par lui répondre au téléphone, explique qu'elle est allée par erreur au tribunal, de l'autre côté de la ville, et pas à la cour d'appel. Elle déboule avec vingt minutes de retard, dans sa jupe à fleurs habituelle, veste de velours noir courte cintrée, une barrette fleurie retenant sa grande mèche blonde, ses lunettes de soleil sur la tête. En sueur, essoufflée, avec sa petite valise et sa mallette de cuir noir. Le couple Auzière se tord le cou pour la regarder sans en avoir l'air. Elle les ignore. « Pardon, je suis allée par erreur au tribunal, souffle-t-elle à son avocat. Je ne savais pas que la cour d'appel était dans un autre lieu ! » Chacun pousse un soupir de soulagement. Le procès peut commencer, enfin.

Dans la salle d'audience aux bancs vides, les regards s'évitent entre les deux parties.

« Votre nom ? s'enquiert le greffier.

— Madame Rey.

— Vous pouvez vous asseoir juste devant, en tant que partie civile, dit le greffier, qui réalise sa gaffe. Euh... non, pardon, partie... euh...

— Parti... pris ? » le coupe en riant Natacha, qui semble avoir retrouvé en une nuit toute sa combativité. Elle s'assoit, pose à côté d'elle le précieux dossier, boit à petites gorgées nerveuses dans la bouteille d'eau qui ne la quitte jamais, le regard fixe et déterminé du boxeur avant le combat. Personne ne peut deviner que ce matin, elle a vomi d'angoisse.

Avec son avocat, Natacha a assigné des témoins à comparaître. Maître Mons, très en forme, ironise à voix basse : « Alors, le témoin 1, Mme Macron, ne vient pas. Le témoin 2, Jean-Michel Trogneux, ne vient pas non plus ; normal, puisqu'il n'existe pas ! » De fait, acte le juge, Brigitte Macron a invoqué des « obligations prévues de très longue date liées à [s]on statut de femme du président de la République », et Jean-Michel Trogneux a répondu aussi par courrier que son « état de santé ne [lui] permet pas de voyager », certificat à l'appui. Maître Mons, visiblement très amusé par cette audience, continue de persifler à voix basse : « Dommage qu'elle ne vienne pas, ça aurait été drôle de la voir arriver avec son cortège ! » Il pouffe.

Natacha, elle, piaffe. Le tribunal a réservé la journée entière pour juger cette affaire, ce qui est assez exceptionnel. Mais l'examen de la demande en nullité s'étire sur toute la matinée ; les débats sont très techniques, et Natacha désespère, c'est autant de temps qu'elle n'aura pas pour raconter son histoire, elle le sait. Maître François Danglehant, associé à Maître Maud Marian, qui représente toujours Amandine Roy, explique aux juges qu'il est difficile d'assurer la défense de ce dossier « attendu dans le monde entier » sans aborder ce qui est au cœur, selon lui, du sujet : le « changement de sexe de Brigitte Macron ». Très en verve, à l'aise, il défend l'idée d'une nullité de la procédure, étant donné qu'une plainte en diffamation « doit reposer sur des propos précis, or celle-ci repose sur une synthèse des quatre heures de l'émission chez Amandine Roy », donc une « version interprétative des propos » de Natacha. Maître Mons réplique que « la liberté d'expression et de pensée ne doit pas être assimilée à la liberté de tuer socialement ». Il évoque « la violence des mots » utilisés pendant l'émission, pour ses clients, « victimes collatérales ». « La bonne foi suppose la démonstration d'un certain nombre d'éléments qui permettent de juger que les investigations menées ont un caractère sérieux. Dans cette affaire, on voit que rien n'est vérifié, on vous sort une photo disant qu'elle est trop floue, que c'est un montage. De la part d'une personne qui se présente comme une journaliste, j'attendrais de l'investigation », ajoute-t-il. Selon lui, Natacha est mue « par la haine ». Il ironise sur la prétendue non-existence de Jean-Michel Trogneux : « Qu'on m'explique aussi le raisonnement de ces gens-là. On a fait citer un témoin qui n'existerait pas… mais qui nous a envoyé un certificat médical ! Sauf à considérer que le médecin est lui aussi de mèche avec l'État ? » Les juges sourient.

Catherine et Jean-Louis viennent témoigner à la barre. Pour Catherine, c'est rapide, facile, elle montre ses passeports. Pour Jean-Louis, c'est plus compliqué. Lorsqu'il commence à entrer dans la généalogie de sa famille, le président l'arrête, manifestement perdu, et décide de faire intervenir Natacha : « Eh bien, puisque vous vouliez lui poser des questions, allez-y ! »

Natacha se lève. Il est environ 15 heures. Elle attend ce moment depuis ce matin, ou plutôt, depuis deux ans. C'est SON moment. Enfin, elle va poser toutes ses questions à cet homme qu'elle n'a vu qu'en photo, mais avec lequel elle vit du matin au soir, dont elle a décortiqué toute la vie et débusqué, pense-t-elle, les zones d'ombre. Elle s'approche de la barre où se trouve Jean-Louis. Ils se regardent. Elle, avec sa natte blonde, si fluette dans sa petite jupe fleurie ; lui, grand, épaules larges, sourcils et cheveux épais. Je ne peux m'empêcher de penser que pour un film, le casting serait parfait.

Natacha se lance.

« Comment expliquez-vous qu'on a inséré des faux pour remplacer des documents dans les archives d'Arras ? » demande-t-elle. Natacha, ancrée dans sa logique et dans les détails de ce dossier dont elle a tourné et retourné les moindres détails, ne mesure pas que sa question est évidemment incompréhensible, tant pour Jean-Louis que pour les juges qui, perplexes, lui demandent d'enchaîner sur ses autres questions.

« Pourquoi avez-vous été décoré pour services rendus à l'armée ? J'en ai la preuve officielle », continue-t-elle.

Jean-Louis la regarde avec un sourire, visiblement amusé : « J'ai été décoré chevalier de l'ordre du Mérite pour mon parcours professionnel au sein de la Fédération du verre et des arts de la table, pas pour services rendus à l'armée ! » Rires dans la salle.

Natacha ne se laisse pas démonter. « Le véritable sujet de mon enquête, ce n'était pas le couple Auzière, ni Brigitte Macron transsexuelle, essaie-t-elle d'argumenter, mais les incohérences et invraisemblances de la bio de Brigitte Macron. Je vous transmettrai la clef USB.

— Je préfère que ce soit imprimé, répond le président, taquin. Vous savez que je suis un peu parano. » Rires.

« Il y a une chose que je ne comprends pas, reprend le président, décidément totalement perdu. André Auzière, c'est qui ?

— Mon neveu, le cinquième enfant de mon frère aîné, commence Jean-Louis.

— Mais que vient-il faire là-dedans ? demande le président.

— C'est le premier mari de Brigitte Macron, reprend posément Jean-Louis.

— C'est tellement alambiqué, soupire le président.

— André a épousé Brigitte, un de mes neveux. J'atteste que je n'étais pas là au mariage, que c'était bien André et pas moi », tente encore Jean-Louis.

Le dialogue s'enfonce dans l'absurde, on se croirait dans un film de Louis de Funès. Les juges, perplexes, se penchent sur une photo du dossier, j'imagine qu'il s'agit de la fameuse photo du mariage de 1974. Le président : « Mon modeste cerveau est bloqué. » Ses confrères bâillent.

Le face-à-face est un naufrage pour Natacha. Les juges lui demandent maintenant de s'expliquer, seule. Jean-Louis retourne s'asseoir à côté de Catherine, dans la salle. Le président rappelle les éléments d'identité de Natacha. Elle répond aux questions, les bras croisés, le menton haut, la voix claire. Mariée ? « Séparée. » Des enfants ? « Non, je n'ai pas d'enfants. » Profession ? « En recherche d'emploi. » Formation ? « En art-thérapie, soins naturels. » Ses revenus ? « Au chômage, fin de droits, entre 500 et 550 d'ASF, et 200 euros d'APL. » Casier vierge.

« Dans votre vie, avez-vous pratiqué la rédaction d'un travail de recherche ? s'enquiert le juge.

— Non, il s'agit d'un travail de citoyenne », réplique-t-elle.

Il lui demande de raconter son enquête, elle se lance. Natacha avait demandé trois heures pour expliquer ses trois ans de travail. Le juge lui accorde vingt minutes. Cette mission impossible la stresse, les mots se bousculent, elle raconte en désordre, façon puzzle, les noms jonglent. Trois juges la regardent avec une lassitude manifeste, en cette fin de journée, j'en vois même un qui s'endort. S'en aperçoit-elle ?

Le président lit un extrait de l'émission, celui où Natacha accuse Jean-Louis, qui est médiateur de justice, de copinage avec la procureure du tribunal de Lisieux, et donc de conflit d'intérêts puisque c'est à Lisieux qu'a eu lieu le procès en première instance. « Avez-vous des éléments qui permettent de considérer qu'ils ont été à l'école ensemble, qu'ils ont de la famille, des amis communs, ce qui serait le fruit d'une investigation basique ? » interroge le juge.

C'est le coup de grâce pour Natacha, coincée. Non, évidemment, elle n'a pas de preuve. Elle regarde les juges, et dans une ultime tentative, lâche tout ce qu'elle a sur le cœur, les interrogatoires au commissariat, les erreurs des médias, la condamnation par le tribunal en son absence. Cette dernière affirmation fait sursauter le président, qui demande à Maître Maud Marian de lui expliquer comment Natacha a pu rater son propre procès.

Dix-huit heures. L'audience aura duré une journée entière, pour dire très peu. La confrontation entre les deux mondes n'a pas vraiment eu lieu. Les époux Auzière sont frustrés. « Tout ce temps passé sur la nullité, du coup il n'y en a pas eu pour le fond, peste Jean-Louis. On n'a rien pu dire, on n'a même pas su finalement ce qu'elle avait dans son gros dossier, on n'a pas pu le démonter [...]. Ils ont escamoté le fond, noyé le poisson, une vraie gabegie ! » Le couple file, ils ont de la route à faire ce soir, ils partent dans le Sud-Ouest pour récupérer deux chiennes cockers qu'ils vont adopter. Ce qui ravit Catherine. Natacha et son avocat restent seuls devant le tribunal. Elle est sonnée, mais souriante. « Ça s'est bien passé », veut-elle croire. Lui se dit confiant sur la procédure en nullité. Ils étaient venus séparément à Caen, il propose de la ramener en voiture à Paris. Je les regarde partir ensemble. Natacha me racontera la suite. Sur le chemin, ils ont finalement fait une escapade à Deauville, pour décompresser, « marcher sur la plage, mettre les pieds dans l'eau, il y avait du soleil et un vent agréable, ça m'a vraiment fait du bien ». Puis sont repartis vers Honfleur faire des expos de peinture, des antiquaires, avant de rentrer à Saint-Denis, où elle a dormi à l'hôtel ; le lendemain, ils ont déjeuné chez lui, dans sa bicoque grise. « On a beaucoup discuté de l'affaire, beaucoup ri aussi... François Danglehant a été magistral, exceptionnel. J'ai eu une vraie défense cette fois ! Les Auzière et leur avocat se sont fait prendre la main dans le sac en train de mentir à plusieurs reprises, même face à l'évidence. Ils n'ont fait que prouver ce que je dis depuis le début et continuerai de répéter à l'infini : ce sont des menteurs, des manipulateurs. »

Entre la nullité de la procédure plaidée par Maître Danglehant et sa propre intervention, elle y croit. Lorsque le verdict tombe, le 28 juin 2023, c'est de nouveau la consternation. « Je suis condamnée injustement pour des propos que je n'ai pas tenus ! sanglote-t-elle au téléphone. Cette justice est corrompue jusqu'à la moelle, au service de la Macronie. Ils me demandent 6 000 euros, alors que je gagne 500 euros par mois ! Ils veulent me pousser au suicide ! Je suis révoltée. »

Trois jours après, Natacha m'appelle, la voix combative, regonflée : elle se pourvoit en cassation. Jusqu'au bout.

- 8 -

Au pays des Brigittologues

Les Français ne le savent pas, mais la recherche française, depuis le 10 décembre 2021, s'est enrichie d'une nouvelle spécialité : « la Brigittologie ». Après l'émission de Natacha Rey chez Amandine Roy, plusieurs groupes de citoyens se sont mis à enquêter, indépendamment de Natacha. Comme tous les chercheurs, les Brigittologues émettent des hypothèses, les testent, les recoupent, les valident ou invalident, rebondissent avec de nouvelles questions. Et comme tous les chercheurs, ils s'organisent en équipes concurrentes, s'écharpent sur des points aussi cruciaux, à leurs yeux, que pointus : Jean-Michel a-t-il été scolarisé en Algérie ? Brigitte a-t-elle vraiment passé son Capes ? Jean-Michel/Brigitte est-il « Véronique », la première transsexuelle française interviewée en ombre chinoise à la télé dans les années 1970 ? Est-ce Brigitte/Jean-Michel que l'on voit, sur cette photo des années 1970, cigarette au bec, aux côtés du pasteur Doucé ? Jean-Michel aurait-il eu une sœur appelée Brigitte, décédée, dont il aurait usurpé l'identité, avec l'accord de ses parents ? Et si Brigitte n'était pas Jean-Michel, mais simplement hermaphrodite ?

Deux groupes Telegram se sont notamment formés, début 2022 : « Où est Jean-Michel ? » (452 membres), et « L'affaire Jean-Michel Trogneux » (5 942 abonnés). Natacha, gardienne du canal historique des Brigittologues, n'a pas regardé d'un très bon œil l'irruption de cette dissidence.

Évidemment, elle est allée voir ce qu'ils écrivaient : « J'ai compris qu'ils partaient dans tous les sens. Je suis intervenue sur le fil "Où est Jean-Michel ?", ils étaient tout contents d'abord, j'étais un peu leur héroïne. Mais quand je leur ai dit qu'ils dénaturaient et discréditaient mon enquête, ça ne leur a pas plu. L'un d'eux m'a insultée violemment. Ils m'ont bloquée. Depuis, le responsable du groupe me harcèle dès que je réapparais sur les réseaux sociaux. Il intervient pour m'insulter. Il est tellement obsédé par l'affaire qu'il a contacté successivement mes deux avocats, Maud Marian puis François Danglehant, pour leur dire de ne pas me faire confiance ! » J'aurais aimé échanger avec ce monsieur, mais il a décliné mon invitation dans un message Telegram : « La confiance envers les journalistes qui ne diffusent pas tout ou diffusent un narratif est définitivement perdue », m'a-t-il écrit. « Nous faisons un travail que les journalistes ne font plus [...] Nous travaillons avec d'autres personnes en réseau et échanges d'infos. En général, ce que nous avons provient d'archives publiques auxquelles tout le monde a accès, c'est long à collecter et recouper. Je ne connais pas les personnes avec qui je travaille et c'est très bien comme ça, la confiance s'est établie au long du temps. » Et il a ajouté aussi : « Natacha Rey a refusé notre aide, tant pis pour elle. » Ambiance.

Une autre enquête « citoyenne » démarre, sur un site baptisé « Pressibus », le 14 janvier 2022, avec cet intitulé : « #brigittegate, le dossier Pressibus 2022, journal d'enquête citoyenne. De Jean-Michel à Brigitte Trogneux, mensonges à l'Élysée ». Elle est disponible en ligne et même en anglais. Quand je m'y plonge, je découvre une véritable encyclopédie de « Brigittologie » en trente-sept chapitres, avec des centaines de liens, des photographies, des dizaines d'arbres généalogiques évoluant au fil des hypothèses non validées. Son créateur, Alain, n'a pas répondu à ma demande de rencontre envoyée par mail, mais il explique lui-même sa démarche sur son site : « Voilà plusieurs dizaines d'années que je mène de véritables enquêtes pour essayer de sortir de certaines impasses, quand aucun document écrit ne valide une filiation, ou quand il faut retrouver un parent biologique. Comparer des photos, essayer d'y trouver des ressemblances, tenter de distinguer ce qui est légendaire et ce qui est réel, trouver des liens de parenté cachés derrière des coopérations appuyées, etc. J'ai donc traité ce dossier Trogneux avec cette expérience. Après avoir amassé les indices et essayé d'y trouver des cohérences ou incohérences, lorsque j'arrive enfin à l'intime conviction d'avoir trouvé la solution, il est rare que je me trompe. C'est ce qui me donne de l'assurance pour publier cette page. » Il le fait « après le Brigittegate, écrit-il, parce que, visiblement les médias et politiques [...] ont décidé, faute de mieux, de marginaliser l'affaire et de la traiter par le mépris comme une rumeur et un tissu de mensonges ». Autour de lui, « une petite équipe s'est formée, rassemblant des éléments trouvés sur internet et les analysant », une véritable « émulation citoyenne ». Dans un encadré, il affiche aussi ce mantra, pied de nez ironique à ceux qui dénigrent les complotistes : « Je réfléchis, je m'informe, je m'intéresse, je recherche, j'analyse, je me méfie des médias, je doute, j'apprends, je pense, je compare, je suis autonome, je prends du recul, je suis rationnel, je discerne, j'examine, je vérifie, je me questionne, j'essaie d'être impartial, je suis incontrôlable, je trie, je suis autodidacte, j'approfondis, je ne suis pas manipulable : JE SUIS COMPLOTISTE ! »

Les « Brigittologues » de Pressibus ont fouillé internet, les archives administratives, les bulletins scolaires et autres annuaires téléphoniques. Et c'est assez fascinant de relire comment, hypothèse après hypothèse, le groupe s'est enfoncé méthodiquement dans des conclusions de plus en plus absurdes. Après « cinq mois d'enquête citoyenne parsemée de fausses pistes et d'hésitations », ils sont arrivés fin août 2022 aux conclusions suivantes, que je vous livre *in extenso* pour ne pas les dénaturer. Vous y ajouterez vous-même les conditionnels.

« Est-on sûr que Brigitte Macron est née et a grandi homme ?

Oui. En 1977, une transsexuelle se faisant appeler Véronique a été interviewée à la télévision. Le comparatif audio de sa voix avec celle d'un entretien récent de Brigitte Macron prouve que c'est la même personne. Sans aller jusqu'à cette preuve scientifique, chacun peut s'en rendre compte en écoutant la juxtaposition des deux voix : la preuve est ici en une vidéo de 1 mn 27, dans le Chapitre 14.

Brigitte Trogneux mariée Macron est-elle la même personne que son frère Jean-Michel ?

Oui. Jean-Michel Trogneux, né en 1945, a effectivement eu une sœur née en 1953, mais celle-ci est décédée jeune, début 1961. Ce sont donc deux personnes différentes. L'épouse d'Emmanuel Macron n'est pas cette Brigitte-là. Elle est Jean-Michel qui a usurpé (réincarné) l'identité de sa sœur, dont le décès n'avait pas été déclaré, ou a été effacé. C'est à partir de 1984 environ que Jean-Michel a utilisé l'identité de sa sœur disparue, disposant donc de son acte de naissance, sa carte d'identité, son numéro de sécurité sociale, etc. (Chapitre 28)

Jean-Michel Trogneux est-il le père ou la mère des trois enfants Auzière ?

Le père. Puisqu'il est né homme. Après la naissance de sa fille cadette Tiphaine vers 1984, après avoir pris l'identité de sa sœur Brigitte, il s'est fait passer pour leur mère.

Qu'en est-il du premier mariage de Brigitte Macron avec André-Louis Auzière en 1974 ?

Il est à la fois réel et fictif. Fictif car la mariée était défunte et le marié était imaginaire. Réel car il a été enregistré dans l'état civil, sans vérification des identités. Nous avons la preuve (ici) dans le Chapitre 30, par comparaison d'écritures manuscrites, que la mariée de 1974 n'était pas Brigitte Macron.

Qui est la mère des trois enfants Auzière ?

Brigitte Auzière. En 1975, 1977, janvier 1984, dates de naissance des trois enfants Sébastien, Laurence et Tiphaine Auzière, Jean-Michel n'a pas encore endossé le rôle de leur mère. Il n'est pas non plus marié avec elle. En 1980, il s'est même marié avec une autre femme, dont il a eu deux enfants, nés en 1982 et février 1984.

Qu'est devenue la mère des trois enfants ?

On ne sait pas. Le secret est bien gardé. Après

janvier 1984, il semble que Brigitte née Auzière ait vécu à Croix ou à Lille, sous un autre nom. Nous avons d'elle, à cette heure, trois signatures, sa photo de mariage et sa citation au mariage de 1980.

Qui a imaginé un tel scénario ?

Jean-Louis Auzière. Cet oncle de Brigitte Auzière, ami de Jean-Michel, a eu un père et un frère dans les services secrets. Il utilise souvent son second prénom, André, pour se dédoubler, ce qui l'a amené à inventer André Louis Auzière, mari fictif de la défunte Brigitte.

La famille Trogneux est-elle complice ?

Oui. Parents, frères et sœurs ont tous été affectés par le décès de Brigitte en 1961. Ils ont été compréhensifs quand l'un d'entre eux, tourmenté par une « dysphorie de genre », l'a réincarnée. Un pacte du silence s'est instauré. Les trois enfants Auzière y ont aussi adhéré.

Tout cela est-il légal ?

Non. Il est interdit d'usurper l'identité d'une personne décédée, que sa mort ait été déclarée ou pas. »

Natacha s'énerve face à toutes ces théories « fantaisistes », qui ont fleuri à partir des siennes. « Elles me décrédibilisent, peste-t-elle avec le plus grand sérieux. Je ne valide pas ! » Elle continue pendant ce temps à donner des interviews aux youtubeurs Mike

Borowski et Chloé Frammery. Mais ses contradictions et l'absence des preuves annoncées la rendent moins attractive. Elle-même s'épuise, tombe malade. Et c'est grave. Ce procès qu'elle attend depuis deux ans devrait être programmé en 2024 par le tribunal de Paris, mais elle s'affaiblit, doit passer par des opérations, un traitement lourd. « Je pense demander le report, je ne sais pas s'ils l'accepteront. Ils vont encore croire que je me défile, soupire-t-elle au téléphone. Cette histoire m'a rendue malade, écrivez-le, qu'elle m'a rendue malade », insiste-t-elle, très amère. Fin 2023, elle continue de m'envoyer des messages, des photos, de commenter l'actualité, mais l'énergie n'y est plus, son autre combat la happe. Et c'est un autre Brigittologue qui reprend peu à peu le flambeau : Xavier Poussard.

Dans les mois qui ont suivi la publication de l'enquête, le journaliste de *Faits et documents* a continué de s'accrocher au sujet et de publier. J'échange régulièrement avec lui au téléphone, via la messagerie cryptée Signal. Son profil m'intrigue. Fils de profs « agrégés et de gauche », il a grandi dans un appartement parisien au milieu des livres. Pendant ses études d'histoire, il a été pion dans un lycée, stagiaire documentaliste pour l'animateur Thierry Ardisson… et voilà qu'on le retrouve, à trente-cinq ans, chasseur d'élites dans un journal confidentiel classé à l'extrême droite. Je m'étonne de cette trajectoire, il élude, retourne la question :

« C'est quoi l'extrême droite aujourd'hui ? » Il est cultivé, cite un tas d'auteurs, parle avec un mélange de brutalité sarcastique et de détachement pince-sans-rire, détaille ses recherches avec cette minutie particulière de l'enquêteur obsessionnel, qui archive tout méthodiquement chaque jour, tient des fiches détaillées sur tout le monde. Il a, gravée dans sa tête, une cartographie politico-économico-sexuelle pointilleuse de tout le gotha, ramifications généalogiques, historiques comprises.

Il se dit « content d'avoir inversé la charge du foutage de gueule dans cette histoire. Maintenant, c'est la France qui rit d'eux ». Pour lui, « Natacha Rey est un peu le sniper qui tire à deux centimètres de la cible. Elle a une intuition, elle est passée tout près de la vérité, sans doute, et c'est la raison pour laquelle elle a été autant emmerdée, avec ses gardes à vue et la plainte. Elle nous a aussi tous beaucoup embrouillés, avec ses fausses pistes. Reste à savoir ce qu'elle a raté, ce qu'ils ne voulaient pas qu'elle sache. » Il cherche, et il bougonne. Ses investigations se perdent dans le brouillard, tout se dérobe, ça le rend dingue. « Il y a une anomalie à chaque étape de la bio de Brigitte Macron, c'est épuisant ! » Au téléphone, il ponctue ses phrases de « pfffff, je ne sais pas, moi, pffffff », aussi longs que désespérés. « Normalement, quand on tire les fils, on finit toujours par trouver une cohérence, me souffle-t-il. Là, rien ne tient, il y a trop d'incohérences ! » Il n'est plus sûr de rien, sauf qu'« ils cachent quelque chose. L'histoire, c'est une affaire familiale qui s'est transformée en affaire d'État ». En désespoir de cause, il voudrait même que je tire quelques fils de mon côté, en espérant qu'« avec le nom de *L'Obs*, ce sera plus facile qu'avec celui de *Faits et docs* ». J'ironise sur cette situation ubuesque, il se fiche de mes rires, il voudrait juste avancer.

Xavier Poussard, par nature, ne fait pas d'enquête de terrain. Ses portraits, il les peaufine à distance, devant son écran, avec ses archives, et ses sources. D'autant plus à distance qu'il n'habite plus en France. « Trop risqué, avance-t-il. En 2020, j'ai décidé de déménager, avec ma femme enceinte et mon fils, la France devenait irrespirable pour moi. Et elle l'est devenue encore plus depuis que j'ai publié sur Brigitte Macron. » Avec son ton goguenard habituel, le journaliste énumère ses déboires. Il affirme qu'en 2020, Emmanuel Macron aurait porté plainte contre un article écrit « trois ans plus tôt » (en 2017), où il écrivait que le président de la République possédait une propriété au Maroc, le palais Dar Olfa, via une société enregistrée au Panama. La même année, le siège administratif de *Faits et docs*, assure-t-il encore, aurait brûlé bizarrement. Après la sortie de l'affaire Brigitte Macron, il dit avoir subi « un contrôle fiscal sur la société, et mes trois comptes bancaires français, professionnels et personnel, ont été soudainement fermés, sans raison ». Depuis la plainte d'Emmanuel Macron pour son article sur le palais marocain, il se dit « régulièrement convoqué par la police. Je leur propose d'échanger en visio, du consulat de France en Italie, mais ça ne doit pas leur convenir, ils ne rebondissent pas », ironise-t-il. Xavier Poussard assure qu'il ne peut plus mettre un pied en France sans risquer « d'être embarqué », comme l'a été son collaborateur maquettiste. Il m'envoie même le lien d'un article du *Monde* (daté du 23 août 2021) relatant que ce collaborateur de *Faits et documents*, ingénieur centralien, a été mis en examen et placé sous contrôle judiciaire pour avoir créé sur un site « le recensement dûment vérifié de personnalités françaises et internationales », une liste qui, même s'il ne le disait pas, « concernait des personnalités de confession juive – ou présentées comme telles – dans divers domaines [...] L'adresse du site, "je suispartout.com", était une allusion transparente à l'hebdomadaire antisémite proche de l'Action française des années 1930 ». *Ouch*. Au téléphone, Xavier minimise, ironise comme il le fait toujours, sur cette mise en examen « ridicule et disproportionnée ».

Xavier refusant de venir en France, je pars le rencontrer en Italie, début décembre 2023. Je ne sais pas trop à quoi il ressemble, il est très discret et ne montre pas son visage quand il intervient sur Égalité et Réconciliation ou chez Mike Borowski. Dans le café de Milan où il m'a donné rendez-vous, je découvre un grand gars longiligne à l'allure d'étudiant, jeans et lunettes fines. Il m'emmène dans le local de *Faits et documents*, un petit appartement « appartenant à la famille de ma femme ». Dans le couloir, de grands placards bourrés de petites fiches soigneusement écrites à la main par le fondateur de la revue, Emmanuel Ratier. Quand celui-ci est décédé prématurément, Xavier Poussard, qui avait vingt-sept ans et travaillait à ses côtés depuis peu, a décidé de reprendre la direction éditoriale du titre. Lui n'écrit plus de fiches à la main. Mais la méthode est la même : des fiches, sur tout et sur tout le monde. Dans ses ordinateurs, il tient à jour des centaines de dossiers, photos, vidéos et conversations téléphoniques rigoureusement archivées. Sur son écran, j'en repère même un à mon nom, sans doute créé depuis nos échanges.

Comme Natacha, Xavier s'appuie sur une troupe d'enquêteurs bénévoles pour lui rapporter des informations du terrain. Il est en contact avec les Brigittologues de Pressibus et ceux du groupe Telegram « l'affaire Jean-Michel Trogneux » qui lui fournissent les résultats de leurs investigations, par exemple la liste des anciens camarades de classe de Jean-Michel Trogneux, qu'il s'est promis d'appeler, un à un. « Bon, évidemment, avec l'étiquette *Faits et docs*, ça ne passe pas toujours bien. » Comme Natacha, il s'appuie aussi sur des citoyens volontaires qui sont venus lui proposer leur aide spontanément, après sa première enquête. Mathieu[1], l'un d'eux, a accepté

1. Le prénom a été modifié.

de prendre un verre avec moi, un jour, à Amiens. La quarantaine tranquille, voix douce, sweat simple et queue de cheval, il est thérapeute en médecine alternative. Lui qui se qualifie « de gauche » ne croit plus à « la lutte horizontale droite/gauche », mais à « la lutte verticale ». Comme tous les défiants, il ne s'informe plus via les médias « mainstream ». Il écoute même régulièrement Égalité et Réconciliation, la radio d'Alain Soral, pourtant aux antipodes de ses idées politiques. « Pour sa liberté de parole. » C'est sur cette radio qu'il a entendu, en octobre 2021, Xavier Poussard évoquer pour la première fois ses articles sur Brigitte Trogneux. « Xavier disait qu'il aurait besoin d'aide sur Amiens, je l'ai appelé. » Voilà maintenant deux ans qu'il mène ce qu'il appelle son « enquête citoyenne ». Une mission chronophage, qui lui prend « environ un jour par semaine », qu'importe : « Si un jour ce qu'on fait peut – un peu – déstabiliser ces gens-là, on ne s'en plaindra pas », a-t-il commenté de sa voix posée. Quand Xavier a besoin d'un certificat de mariage, de naissance, ou d'un acte de propriété, Mathieu fouille. Il est devenu LE Brigittologue expert en Trogneux d'Amiens, et tout particulièrement en Jean-Michel. Il connaît par cœur les étapes de la vie de celui-ci, les études à Alger, le mariage, le divorce, les entreprises et boutiques qu'il a dirigées et qui ont fermé, les déménagements et emménagements divers, dans des lieux de la région « étrangement isolés », jusqu'à cette vie de retraité tranquille, scandée par des parties de cartes hebdomadaires au bar PMU avec ses copains. Comme beaucoup de Brigittologues, il ne croit pas que le « petit gros » actuel soit Jean-Michel : « Trogneux et PMU, ça ne va pas ensemble. Cette vie ne colle pas pour quelqu'un qui est propriétaire de tout son immeuble, en plein centre d'Amiens. » Il me dit qu'il a « évidemment » la copie des actes de propriété. Ces derniers temps, il travaillait sur une hypothèse d'identité « du petit gros » : un homme qui, selon lui, accepterait de jouer le rôle de Jean-Michel « parce qu'il aurait des dettes envers la famille Trogneux ». Il me donne des éléments de biographie de cet homme, qui n'imagine sûrement pas une seconde être l'objet de tant d'attention. « Pour aller au bout, il faut oser émettre des hypothèses bizarres, tout en restant rationnel et pragmatique », a expliqué Mathieu avant qu'on se sépare, souriant.

Selon Xavier Poussard, Mathieu est « un de [ses] meilleurs enquêteurs, fiable, efficace, discret ». Le journaliste s'appuie aussi, me dit-il, sur les milieux du « rens », qu'il connaîtrait bien, dont il utiliserait les méthodes. Il m'assure ainsi avoir envoyé un émissaire s'infiltrer plusieurs semaines auprès du frère d'Emmanuel Macron, médecin, pour obtenir des informations sur la famille. « Tout ça pour rien d'ailleurs, commente-t-il, il n'y avait rien à en tirer. » Ah oui, parce que, contrairement à Natacha, le journaliste ne travaille pas que sur la Première dame. Emmanuel Macron constitue une des cibles favorites de son journal, qui s'intéresse à ses mœurs et à celles de son entourage – il lui a même consacré une série « Jeunesse, éducation et sexualité en Macronie » –, ainsi qu'à sa généalogie. Car le journaliste soupçonne aussi le président de la République de ne pas être le fils de ses parents officiels. Je pense d'abord qu'il plaisante, mais non. Cette obsession des questions de filiation chez les défiants me déconcerte. Brigitte, maintenant Emmanuel… je n'en reviens pas. Sur internet, je lis que le président de la République serait en fait un fils Rothschild, ou encore le fils de… Brigitte/Jean-Michel. Aucune de ces pistes, aussi folles soient-elles, ne semble rebuter Xavier Poussard.

Concernant Brigitte, le journaliste place dorénavant pas mal de ses espoirs dans sa piste américaine. Donald Trump, qu'il « admire beaucoup », a assuré détenir un dossier explosif sur Emmanuel Macron. Xavier Poussard affirme être entré en contact avec l'entourage de l'ex-président des États-Unis. Il me montre ce qui est censé être la « première réponse de l'entourage Trump », écrite en anglais, que je vous traduis donc : « Nous savons tous qu'il [Emmanuel] était un jeune prostitué et que Brigitte était son client mâle. Nous savons aussi qu'il a été filmé alors qu'il avait des relations sexuelles avec les Premiers ministres Rishi Sunak [Royaume-Uni] et Justin Trudeau [Canada] dans un objectif de chantage. Il est contrôlé par la branche française de la famille Rothschild. Nous ne sommes pas sûrs par ailleurs d'avoir affaire au Macron original, ou s'il a été remplacé par un autre, qui aurait été opéré pour lui ressembler. » Je relis le message plusieurs fois tellement c'est énorme et suis gagnée, je l'avoue, par un fou rire. Est-ce que Xavier Poussard a écrit ce texte et se fiche de moi ? Si ce n'est pas le cas, qui a pu lui écrire ça ? Et comment lui-même peut-il croire ça ? Très sérieusement, Xavier me fait lire aussi le message qu'il leur aurait renvoyé : « Nous croyons qu'il vient de la famille Rothschild (la branche Fould-Springer) par sa mère, et que “Brigitte” est son père. » Sa dernière phrase retient mon attention : « Nous recherchons toute information susceptible de déstabiliser le régime Macron. » Voilà qui a le mérite d'être clair.

Fin 2023, en dehors de la piste américaine, toujours ouverte, Xavier Poussard a l'idée d'un nouveau pied de nez : à l'heure où le gouvernement français annonce l'utilisation de la reconnaissance faciale pour les Jeux olympiques qui se dérouleront à Paris à l'été 2024, il prépare un dossier sur « La reconnaissance faciale à l'épreuve de la famille Trogneux ». « L'idée fait rire tout le monde autour de moi », lâche-t-il en ajoutant avec ce ton pince-sans-rire qu'il affectionne : « Bon, après, c'est à moi qu'on ira botter le cul, c'est un peu l'histoire de ma vie. » Le concept l'amuse d'autant plus que le logiciel Megvii, qu'il utilise, « est l'un des meilleurs au monde : c'est celui que le gouvernement chinois utilise pour contrôler sa propre population. C'est drôle non ? ». Je ne vois pas vraiment en quoi c'est drôle, mais passons. Ce logiciel calcule la probabilité selon laquelle deux photos représentent ou pas la même personne, de « low » (basse), à « normal », « high », ou « very high » (très haute). Xavier veut me convaincre du sérieux de la reconnaissance faciale : « C'est grâce à elle que la police espagnole a repéré récemment sur les réseaux sociaux un mafieux qui s'était caché en France quinze ans plus tôt et avait ouvert une pizzeria ! » Il nous montre des tests effectués avec son logiciel chinois sur quelques ex-Premières dames. La photo de Bernadette Chirac, jeune, matche bien avec une photo de Bernadette vieille : « very high », indique le logiciel. Le résultat n'est pas toujours aussi probant avec d'autres photos de Bernadette vieille, mais Xavier a mouliné des pourcentages, des statistiques, et selon lui, le logiciel Megvii apporte la preuve que les Brigittologues attendent depuis trois ans : il indique que la jeune femme de la photo du mariage de 1974 n'est pas Brigitte Macron. La nouvelle thèse de Xavier Poussard, qui rejoint par certains côtés d'ailleurs celle émise depuis un moment par les Brigittologues de Pressibus, est donc que Brigitte Trogneux jeune aurait existé, mais qu'elle aurait disparu. Peut-être même serait-elle décédée. Et son frère Jean-Michel, en changeant de sexe dans les années 1980, aurait pris l'identité de sa plus jeune sœur. Tout ceci avec l'assentiment de la famille Trogneux, complice du pacte familial secret. Jean-Michel/Brigitte serait ensuite devenu prof, aurait rencontré Emmanuel Macron, avec la suite que l'on sait. CQFD. Xavier Poussard croit d'autant plus à cette thèse qu'il a comparé le visage de Jean-Michel quand il était enfant à plusieurs photos de Brigitte aujourd'hui. La conclusion est très positive, me montre-t-il très excité, alors que la comparaison entre Jean-Michel enfant et le « petit gros », censé être Jean-Michel adulte, aboutit à un résultat moins probant. Je regarde le journaliste, concentré sur son ordinateur, enthousiaste alors qu'il me présente les résultats de ses pourcentages. Je plaisante : « Vous concluez trois ans d'enquête sur les statistiques d'un logiciel de reconnaissance faciale ? » Il réplique, très sérieux : « Je fais confiance au logiciel sur lequel s'appuie le gouvernement chinois pour contrôler l'identité de ses 1,4 milliard d'habitants. » Je lui fais remarquer que, dans sa construction abracadabrantesque, il se retrouve avec autant de mystères à résoudre qu'avant : que serait vraiment devenue la vraie Brigitte Trogneux ? Qui serait « le petit gros » se faisant passer pour Jean-Michel ? Comment un secret aussi énormissime pourrait-il être tenu par toute une famille ? Il se fiche clairement de mes remarques : il a des troupes de Brigittologues prêts à creuser sur le terrain, et lui pourra continuer de feuilletonner… La parution de son dossier fait grand bruit chez les défiants, pas dans les médias. Il s'en étonne. « C'est comme le porno, ricane-t-il, tout le monde voit mais personne ne le dit. » Peu après, il m'envoie un nouveau message sur la messagerie cryptée Signal : « Brigitte Trogneux localisée sous son nom de jeune fille en août 1974 dans le comté de Norfolk (UK). On avance. » Et c'est alors que je tombe sur un tweet de #Jol-vil, Brigittologue, membre du groupe « l'affaire Jean-Michel Trogneux », virulent concurrent de Natacha Rey et de Xavier Poussard, qui écrit : « Megvii Face ++ est-il aussi infaillible qu'on le prétend ? On a refait les tests de comparaison et ici les tests montrent : que Brigitte Macron est bien Brigitte Trogneux mariée avec André Auzière, que le "petit gros" est bien #JeanMichel Trogneux. On fait quoi maintenant ? » Quand on vous dit que c'est une histoire sans fin…

Deux ans après le buzz inaugural, le sujet Brigitte, même s'il fait vendre, s'épuise. Natacha Rey est de moins en moins audible. Seul, Xavier Poussard n'est pas en mesure de maintenir l'intérêt autour de l'affaire. Malgré tous ses efforts, il n'arrive pas à réitérer le coup médiatique de Natacha. Sa feuille d'information est confidentielle. Son image d'extrême droite délégitime d'office son travail auprès du grand public. L'affaire #JeanMichelTrogneux aurait pu finir par rejoindre les rangs déjà bien fournis des fake news tapies dans les recoins d'internet, attendant d'être rappelées un jour. Sauf qu'en août 2023, un nouvel allié a surgi, qui relance la machine.

- 9 -

Et Zoé Sagan arriva

Été 2023. Sur le réseau social Twitter, devenu X, une certaine @zoesagan écrit : « J'ai une question sérieuse d'ordre éthique et moral. Si vous saviez qu'une femme qui se présente comme "journaliste" passe son temps à vous désinformer sur le couple présidentiel et que j'étais en capacité de la dévoiler en un seul tweet mais que ce dernier détruirait sa vie ? »

Le tweet vise clairement Natacha Rey, qui m'appelle, terrorisée. Le compte @zoesagan, suivi par près de 170 000 followers, parmi lesquels beaucoup de défiants mais aussi de nombreux journalistes et personnalités publiques, est un compte aussi critiqué qu'influent. « Ce troll pourrit la vie de gens ! Il sait tout sur tout le monde et fait chanter les grands de ce monde ! Et maintenant, il dit qu'il veut détruire ma vie ! » Natacha ne sait pas ce qu'il a bien pu trouver dans sa vie pourtant tranquille, mais elle a peur. Le 17 août, @zoesagan publie la « bombe » annoncée : « Je vais créer une fissure indélébile dans l'esprit des Brigittologues, ironise-t-il. Votre idole Natacha Rey n'est qu'une vague imposture [...] Toutes ses informations ne sont qu'un copié-collé d'informations [...] volées à un auteur espagnol qui avait déjà tout publié en 2017. » Le compte renvoie au site de Zoé Sagan « Apar.TV prédictif », où je découvre beaucoup d'articles liés à la pédocriminalité. Dans un coin, l'un, écrit en espagnol, explique effectivement que Brigitte Trogneux « est sous le contrôle MK-Ultra et transsexuelle ». « Je n'avais jamais vu cet article, et cela n'a aucune mesure avec l'énorme travail que j'ai fait ! » s'emporte Natacha, partagée entre le soulagement et la colère.

Dans ses tweets, @zoesagan explique aussi que Natacha Rey « n'est qu'un outil des services secrets. Elle ne le sait même pas. C'est beau à regarder. Natacha Rey serait en fait une "PsyOp" ». Une PsyOp, dans le jargon des services secrets, désigne une « opération psychologique » auprès d'une cible. On vous envoie par exemple une personne qui va s'arranger pour entrer dans votre intimité, tout savoir de vous. Ça ressemble un peu, en plus petit, à l'opération infiltration que Xavier Poussard dit avoir organisée auprès du frère d'Emmanuel Macron. Natacha serait donc, si je comprends bien, un personnage dont les services de l'État auraient favorisé l'irruption afin de « détourner » les citoyens « du vrai sujet dont personne n'a encore osé parler », celui que @zoesagan et Xavier Poussard nomment le « détournement de mineur ». Natacha est effondrée : « Il a détruit ma vie ! Maintenant, beaucoup vont gober que je suis réellement utilisée par les services de renseignements qui m'ont payé une grosse somme d'argent. C'est délirant ! Tout est fait pour discréditer cette affaire, jusqu'à l'absurde ! » L'attaque contre Natacha Rey tombe à plat, les abonnés du compte @zoesagan n'en ont visiblement que faire. Le sujet « Brigitte Trogneux », en revanche, est relancé.

Je commence à m'intéresser vraiment à @zoesagan. Je découvre qu'elle a surgi en 2018, sur l'ex-Twitter devenu X. Elle se présente alors comme étant, à vingt et un ans, « la plus vieille intelligence artificielle féminine du XXIe siècle », et relate d'une plume inspirée les potins du luxe, de la mode et des médias. Le tout-Paris la suit, de Marion Cotillard à Vincent Bolloré. En janvier 2020, son premier roman, *Kétamine*[1], décrit au vitriol un monde de drogue, de débauche et de trafics sexuels. Les critiques se pressent autour du phénomène et de la mystérieuse écrivaine, qui serait en fait une jeune

1. Zoé Sagan, *Kétamine, $C_{13}H_{16}ClNO$*, Vauvert, Au diable Vauvert, 2020.

et riche héritière infiltrée dans les plus hautes sphères, mais qui veut rester secrète et se dérobe aux interviews. On la qualifie de « pamphlétaire kamikaze » (*Technikart*), d'« Elena Ferrante trash » (*Magazine littéraire*), on peut lire sur le site de lecteurs Babelio qu'elle a écrit « un extraordinaire roman du temps présent ». Bref, l'avenir s'annonce brillant. Sauf que, juste après la sortie de son livre, @zoesagan commet une erreur qui lui coûtera cher : elle relaie sur Facebook un lien vers le site « Pornopolitique », qui héberge une sextape de Benjamin Griveaux, élu de La République en marche, candidat à l'élection pour la Mairie de Paris. Ses comptes Facebook et Twitter sont mis en sommeil. Les critiques qui lui voyaient des qualités littéraires se bouchent le nez, ses deux romans suivants passent relativement inaperçus, Zoé Sagan disparaît des radars. En 2022, la journaliste Sophie des Déserts la ressuscite brièvement le temps d'un portrait dans *Paris-Match*, où elle révèle que Zoé Sagan a trompé son monde : Aurélien Poirson-Atlan, c'est son vrai nom, est en fait un homme, fan de Romain Gary et adepte de mystifications. En mai 2023, trois ans après avoir disparu, @zoesagan ressurgit sur Twitter, plus bavarde et batailleuse que jamais.

Au moment où Natacha Rey s'essouffle et perd en visibilité, le compte @zoesagan redonne de la visibilité à l'affaire Madame, d'une façon plus ricanante, moderne, cruelle. Le compte va loin dans la provocation, flirte avec la diffamation et l'insulte en permanence, sur une ligne de crête « information-fiction » glissante, aux frontières floues. @zoesagan relate les gossips du Festival de Cannes, ou encore « les soirées *chemsex*[1] de la Lanterne », la résidence secondaire du couple présidentiel. Le nombre de ses followers monte en flèche en quelques semaines.

Dans les rédactions, son image est terrible. @zoesagan est classé « complotiste ++++ », infréquentable. Sa façon de saupoudrer quelques grammes de faits réels dans un tas d'énormités exaspère. Dans la lutte désormais permanente des journalistes contre les fake news, il apparaît comme un adversaire dangereusement affûté. Natacha Rey, sans pouvoir, sans réseau, était vue comme une marginale légèrement illuminée, et peu menaçante. @zoesagan, lui, connaît les codes des élites parisiennes, qu'il a côtoyées jeune. Il maîtrise les ressorts de la communication, de l'écriture, c'est son métier. Il manie l'art du réseau social avec dextérité, c'est sa génération. Avec talent, il souffle alternativement le chaud et le froid, le vrai et le faux, le rire et les menaces, les teasings et les annonces. On le déteste autant qu'on le lit.

Dans ses tweets, les références aux réseaux pédocriminels, déjà évoqués dans ses livres, sont omniprésentes. Il/elle écrit notamment que « le trafic

1. Le *chemsex*, ou « sexe sous drogue », est le fait de prendre des drogues pendant et pour des pratiques sexuelles.

d'Epstein a été facilité et couvert par le gouvernement français », que « le vrai problème systémique, c'est que beaucoup de fils et de filles de ont été sacrifiés petits. Ils ont été donnés. C'est un passage obligé. Comme un rituel. Pour intégrer l'élite. Si vous saviez le nombre de témoignages que nous avons. C'est vertigineux ». Lorsque l'humoriste Pierre Palmade percute une voiture le 10 février 2023, en blessant grièvement toute une famille, il s'y intéresse de très près. Cette affaire a tous les ingrédients pour passionner les défiants : un humoriste blanc, gay, riche, connu, qui entre en collision avec la voiture d'une famille modeste d'origine turque, alors qu'il est sous l'emprise de drogues et sort d'un week-end d'orgie *chemsex* avec de jeunes prostitués, dont certains seraient même des clandestins, on ne peut rêver meilleur carburant à fantasmes. Sur les réseaux sociaux, les défiants annoncent dès le début que la justice va épargner l'humoriste, qu'il sera protégé par ses relations. Sa remise en liberté sous contrôle judiciaire le 7 mars 2023 (dans l'attente d'un procès) nourrit encore cette conviction. Très vite, @zoesagan fait du teasing autour d'un ministre qui aurait été présent lors de ces parties de *chemsex*. Et finit même par livrer un nom dans un tweet du 5 janvier 2024. En quelques jours, le tweet comptabilise 1,5 million de vues…

Brigitte Macron fait partie de ses cibles préférées. Très régulièrement, il/elle promet des « révélations à venir sur la femme la plus célèbre de l'Élysée », qui n'arrivent jamais vraiment. Il feuilletonne, maintient son public en haleine. Le 26 août 2023, il écrit : « Nous allons dévoiler toute la vérité sur le couple présidentiel. Comme c'est risqué et dangereux, il faut l'organiser pour que l'audience soit mondiale. Comme un combat entre Elon Musk et Mark Zuckerberg. Il faut être certain que tout soit retransmis en vingt langues à travers les continents. Une fois que l'information circulera, elle n'appartiendra à plus personne. Elle sera libre de ses fonctions, comme le président de la République. » Le 28 août, de nouveau : « S'ils remettent les masques obligatoires à des enfants de 6 ans et aux autres, je préfère prévenir d'avance, je prouverai que Brigitte est le… d'Emmanuel et je dévoilerai avec qui il a fait ses enfants. » Il promet encore de tout dévoiler le 23 novembre, puis encore un mois après… @zoesagan explique qu'il est « en correspondance privée » avec Jean-Michel : « J'ai donné ma parole. Il me fait confiance. Et la confiance, c'est important quand on veut obtenir des confidences. » Il raconte qu'il échange avec « Valérie », la fille de Jean-Michel Trogneux, qui serait tombée « amoureuse » de lui. Il s'amuse, face à ses followers avides de révélations, qui ne savent souvent pas s'il faut croire ou pas ce qu'il raconte.

Évidemment, je souhaite le rencontrer. À plusieurs reprises, dans ses tweets, je vois qu'il fait référence au travail de *Faits et documents* sur l'affaire Brigitte.

J'appelle Xavier Poussard, qui me confirme qu'ils échangent régulièrement tous les deux au téléphone. C'est un ancien banquier devenu galeriste qui les aurait mis en relation. Tout sépare les deux trentenaires. D'un côté Aurélien Poirson-Atlan, nom d'origine juive, proche de l'avocat d'extrême gauche Juan Branco, de l'autre Xavier Poussard, rédacteur en chef d'une revue d'extrême droite taxée d'antisémitisme. L'alliance aurait été impensable il y a vingt ans, elle leur semble évidente aujourd'hui. Ils se sont plu tout de suite, au téléphone, l'un en Italie, l'autre dans le Sud de la France. Même esprit rapide, même génération, même vie de papa qui emmène ses enfants le matin à l'école avant d'aller dézinguer l'ordre établi, seul devant son ordinateur. Même dénonciation des élites et de leurs déviances supposées ou pas, notamment sexuelles, voire pédocriminelles. Dans cette alliance, le journaliste de *Faits et documents* apporte l'enquête, la mémoire, les archives, et @zoesagan, l'audience, la force de frappe, l'approche « pop », comme il se plaît souvent à le dire. Le premier souffle des infos confidentielles, que le second met en scène, théâtralement. Leur coopération renforce réciproquement leur pouvoir et leur visibilité. Sur l'affaire Brigitte, cette complémentarité joue à plein. @zoesagan reprend des infos de Xavier Poussard, relaie les couvertures de *Faits et documents* sur Brigitte, certains de ses tweets faisant plusieurs millions de vues. « On aimerait arriver à être retwitté par Elon Musk, ça nous ouvrirait direct ensuite les médias américains, surtout que ceux-ci ont enfin l'air de s'intéresser au sujet ! » En novembre 2023, le *New York Post* (qui appartient à Rupert Murdoch) s'est fait l'écho d'une interview de Brigitte Macron dans *Paris-Match*, mais en titrant, étonnamment, sur l'écart d'âge entre Emmanuel et Brigitte. « Leur tweet a fait 25 millions de vues, un record ! » se félicite Xavier, qui voudrait tant que la mèche s'allume enfin, outre-Atlantique, sur l'affaire...

Xavier Poussard transmet ma demande de rendez-vous à Zoé Sagan, qui accepte de me rencontrer. Le 12 novembre 2023, je prends le train pour Arles. Il vient me chercher à la gare, à pied. Voilà donc la terreur de X, trente-neuf ans, mince, brun, vif, rieur. On passe sept heures à échanger, dans le patio tranquille d'un restaurant qu'il n'a « évidemment » pas choisi par hasard : *La Cachette*. Ne jamais rater une occasion de pied de nez. Aurélien m'explique qu'avec @zoesagan, il a créé une « sculpture sociale punk ». Ce concept est directement inspiré par son mentor Steve Oklyn, artiste activiste du milieu de la mode new-yorkais, fondateur du site « Not Vogue », contre-pied critique, post-situationniste, au magazine de mode *Vogue*. Aurélien évoque une « prise de judo culturelle », revendique « cette frontière poreuse entre la fiction et le réel. On est entrés dans une nouvelle ère, un changement de paradigme où on ne distingue plus le faux du vrai, l'information de la fiction ». Je lui demande pourquoi il se focalise tant sur Brigitte Trogneux. D'abord, « le sujet cartonne », m'avoue-t-il. « Ce sont mes meilleurs chiffres d'audience, il y a une curiosité forte, les gens sentent qu'un truc ne va pas. » Lui envisage l'affaire comme une « pièce de théâtre », s'enthousiasme sur Brigitte, « la plus grande metteuse en scène du XXIe siècle », explique qu'il saute « sur les failles du narratif », le *storytelling* élaboré par le pouvoir, dont le fameux « 14/39 », comme il l'appelle dorénavant dans ses tweets, tout comme Xavier Poussard. Traduisez : quatorze ans, l'âge qu'avait Emmanuel Macron quand il aurait rencontré Brigitte, qui en aurait eu trente-neuf. « C'est le sujet qu'"ils" veulent à tout prix éviter : le détournement de mineur. » Le supposé péché originel, encore et toujours.

Aurélien Poirson-Atlan pourrait se contenter de vivre bien de sa plume talentueuse, à l'étranger, notamment comme scénariste. @zoesagan est infiniment chronophage, psychologiquement lourd, juridiquement risqué. Pourquoi prendre ces risques ? Il dit qu'il s'adresse aux six familles les plus riches de France, dont celle de Bernard Arnault, qu'il a fréquentée, « quand j'étais jeune et con, dans le VIe arrondissement de Paris, et que je partageais leur table ». À ces six familles, « et aux juges » aussi, qu'il rêve de voir en face un jour. Pas comme accusé bien sûr, mais comme témoin. Pour lui, la fiction sert aussi à dénicher la vérité. Une vérité qui s'impose de plus en plus, d'ailleurs, au milieu de ses fables, presque malgré lui. Le 30 septembre 2023, il a écrit à ses followers : « Envoyez-moi les histoires de vos rencontres avec les célébrités. » Les messages affluent, au-delà de ses attentes, lui demandant de l'aide, lui envoyant des dossiers dévoilant les dessous sordides, supposés et réels, de la République. « Je n'ai même pas le temps de les ouvrir ! » Il faudrait dépiauter, analyser, recouper. « Ce n'est pas ma fonction ! Je suis fils de psy, mais pas psy ! » Il n'est pas non plus journaliste. Il est quoi d'ailleurs ? Un trublion numérique, option grenade dégoupillée, sans doute. Mais un trublion qui endosse aussi, à sa manière, le rôle de justicier. « Tous ces gens qui m'écrivent disent la saloperie de ce monde. » Quand il sent la cause juste, quand il a le temps de la lire surtout, il balance sur X. Il l'a fait pour une jeune femme qui accusait l'animateur Cauet de l'avoir violée lorsqu'elle avait seize ans. « Elle m'a ému. Il a brisé son rêve de faire de la radio, je ne supporte pas. » Il se fiche de Sébastien Cauet, qui ne l'intéresse pas, et dont on rappellera qu'il conteste les faits et est présumé innocent. « J'en ai tellement d'autres, plus importants », assure-t-il. Le jour où nous nous rencontrons, c'est le réalisateur et acteur Mathieu Kassovitz qui lui envoie des messages furibonds, parce qu'il a commencé à le mettre en cause sur X. La colère du réalisateur l'amuse, il nous montre, hilare, les messages que celui-ci écrit. Il scrolle ses autres mails, des centaines pas encore ouverts. Dans chacun, un dossier, un témoignage, une demande…

Ça m'interroge, ça l'interroge aussi, que des victimes potentielles fassent plus confiance à un compte virtuel sous pseudo pour dénoncer leurs agresseurs qu'à la police, la justice, ou même à des médias. « Ces personnes préfèrent parler à une IA, voire à un mec en Camargue qu'elles n'ont jamais vu, pourquoi ? »

Beaucoup pensent qu'il ne peut pas être seul à nourrir le compte. Il dément farouchement : « Regardez autour de moi, il n'y a personne. Quand je suis là avec vous, personne n'écrit sur le compte @zoesagan ! Vous vérifierez ! Il faudrait d'ailleurs que je m'organise autrement. » Il a l'air sincère, mais je sais qu'il ne faut pas croire tout ce qu'il dit. En 2019, quand tout le monde pensait qu'il était une femme, il envoyait son ex-compagne pour être interviewée à sa place. Il assure qu'il rêverait de s'organiser, de se structurer pour en faire plus, de travailler par exemple en partenariat avec des journalistes. Mais il s'en méfie tellement.

Avec Xavier Poussard, la coopération semble néanmoins s'installer dans la durée. Difficile de savoir qui les nourrit réellement, derrière leurs postures d'électrons libres solitaires. Difficile de savoir quels sont les intérêts, étrangers et français, qui sont à la manœuvre derrière. Le savent-ils eux-mêmes toujours ? « Ce sont des trompe-l'œil utilisés par le pouvoir pour capter l'attention, décrédibiliser les sujets qu'ils traitent, et détourner l'attention des vrais sujets problématiques », assène un ami journaliste d'investigation qui connaît bien les protagonistes de l'affaire #JeanMichelTrogneux et se laisse peut-être lui aussi gagner par ce climat de défiance. Xavier Poussard, quand je l'interroge, évoque des liens étroits avec le monde du renseignement. Un monde aux intérêts complexes, parfois contradictoires, dont il est évidemment difficile de savoir qui tire les ficelles. Aurélien, lui, joue la transparence potache : « Je suis une opposition contrôlée consciente de l'être », s'amuse-t-il. Il admet avoir des connexions partout, « y compris au sein de la Macronie », et, tel le fou du roi, il joue parce qu'on le laisse jouer. Jusqu'où sait-il sa marge de manœuvre, jusqu'où sait-il qui il dérange, ou pas ? @zoesagan, ainsi, croule sous les menaces de plaintes, mais celles-ci semblent rester suspendues dans les airs. Elles ne lui arrivent pas. Et pour l'instant, le couple présidentiel ne s'est pas manifesté. Il en est le premier surpris : « Comme si quelqu'un disait aux avocats : “Non, pas lui” », commente-t-il, mi-figue, mi-raisin. Il ne plaisante qu'à moitié. Après l'affaire Griveaux , sa vie a basculé de façon étrange. Les trois années qui ont suivi, telles qu'il les raconte – pressions en tous genres, divorce, marginalisation sociale « même le RSA a été bloqué » –, sont dignes de la série *Le Bureau des légendes*. Sans parler de la mort de son mentor Steve Oklyn, écrasé sous une rame de métro en 2021. « Trois semaines plus tôt, il était avec moi à Arles, on avait plein de projets communs. » Aurélien ne croit pas à la thèse du suicide. Mais alors ? Mais alors il ne sait pas.

Après ces trois années très difficiles, il dit qu'on l'a « rebranché », en permettant à son compte de revenir sur X et d'engranger autant de followers. Il plaisante sur le fait qu'il « attend presque le jour où un agent des renseignements viendra expliquer pourquoi on a laissé faire tout ça, quel rôle a été attribué à Zoé. Peut-être qu'ils comptent utiliser ce compte @zoesagan pour peser sur l'élection de 2027 ? En tout cas tant qu'on me laisse faire, c'est que ça arrange, je continue ». Il éclate de rire.

En repartant, le soir, je lui précise que j'ai cherché à contacter la famille Trogneux, sans succès. « Ah mais je discute avec Tiphaine ! » s'exclame Aurélien. Je pense qu'il plaisante, mais non. Il me montre, sur son écran de téléphone, des messages échangés sur Instagram avec un compte « Tiphaine Auzière », où je reconnais effectivement la photo de la plus jeune fille de Brigitte. Connaissant le goût d'Aurélien pour les fictions, je ne peux m'empêcher de me demander s'il s'agit de son vrai compte. Il me montre les échanges passés, qui auraient commencé « à l'occasion de l'anniversaire d'Aurèle, le fils de Tiphaine ». Dans ses messages, son interlocutrice évoque aussi un roman à paraître au printemps 2024. Aurélien rit : « C'est ça, la force de Zoé : tout le monde lui répond ! » avant d'ajouter : « Ce qui est assez étrange, quand on y pense. » Oui, décidément. Il me propose d'envoyer un message à « Tiphaine », si c'est bien elle, pour jouer les intercesseurs, puisqu'elle a refusé de me parler pour cette enquête. Il lui écrit, pour l'informer que je souhaiterais la rencontrer. « Elle » lui répond : « Quel est le sujet de l'ouvrage ? » Il lui textote : « C'est un livre pour casser les rumeurs sur Brigitte. » Entre-temps, j'ai repris mon train vers Paris. Selon Aurélien, « Tiphaine » n'aurait plus donné suite.

Début 2024, @zoesagan continue ses provocations toujours plus trash. « J'ai tout le monde sur le dos, du Rassemblement national aux Frères musulmans. On m'accuse de tout et son contraire, d'être agent du Crif ou d'extrême droite, complotiste ou agent au service de Macron. » Il a ouvert son compte à la souscription payante, « j'ai reçu plusieurs centaines d'adhésions en quelques jours », affirme-t-il. Il rêve de devenir un média, annonce sur X : « On monte une équipe pour systématiser le travail de recherche et d'enquête et pour aider les lanceurs d'alerte ». Régulièrement, il continue de tweeter sur Brigitte Macron, mais avec un nouveau hashtag, #Ladybug, pour contourner la censure, car il se plaint d'une guerre qui serait menée contre son compte. Celui-ci serait régulièrement « anonymisé » par X, déréférencé en quelque sorte, pour qu'il devienne moins visible. Ces menaces sont-elles avérées ou font-elles partie du théâtre qu'affectionne Aurélien Poirson-Atlan ? Xavier Poussard, en tout cas, s'en inquiète au téléphone : « J'avais enfin trouvé un mec pour monter au front sur l'affaire Brigitte avec moi, mais là, j'ai l'impression qu'après l'avoir laissé danser toute la nuit, ils vont lui présenter l'addition. J'ai peur qu'ils le bombardent d'un coup de dizaines de procès. » Qui ça, « ils » ? Ces gens du pouvoir jamais nommés bien sûr, qui, aux yeux des défiants, tireraient avec un plaisir pervers les ficelles de nos vies.

- 10 -

L'internationale des trans

30 juin 2014. La comédienne et animatrice de télé Joan Rivers s'apprête à entrer dans une librairie pour célébrer le mariage gay de deux fans. Veste élégante, chignon blond impeccable, maquillage digne de *Dallas*, elle est arrêtée sur le trottoir par un journaliste qui la filme. Il lui demande si les États-Unis sont prêts à élire un ou un(e) président(e) gay. La célèbre octogénaire, connue pour son franc-parler et son humour tranchant, marque une pause pour répondre : « Nous l'avons déjà avec Obama, alors calmons-nous. » Elle commence à monter l'escalier, semble se raviser, se retourne quelques secondes, le temps de susurrer : « Vous savez bien que Michelle est une trans. » Difficile de savoir si elle plaisante, l'instant est furtif et le visage, figé par le Botox, impassible. Le journaliste la relance :

« Pardon, elle est quoi ? » Finissant de gravir les marches, la comédienne lâche : « Une transsexuelle ! Nous le savons tous. » Et elle ajoute : « Et ce n'est pas grave. » On entend alors le journaliste souffler : « Oh mon Dieu ! »

Joan Rivers est une star aux États-Unis. La séquence vidéo devient immédiatement virale, fait la joie des plateaux télé, mais aussi le miel des complotistes. D'autant plus que la célèbre actrice mourra subitement, deux mois plus tard, lors d'une opération dentaire bénigne. La comédienne, en prononçant ces mots, officialise avec fracas des rumeurs insistantes sur internet, où des défiants s'étonnent qu'il n'y ait pas de photos ou de vidéos de Michelle Obama enceinte ou avec un nouveau-né, affirment que les filles Obama, Malia et Sasha, ne posséderaient pas d'actes de naissance. Michelle Obama est surnommée « Big Mike » parce que Barack l'aurait appelée « Michael » au lieu de Michelle à deux reprises, devant les caméras. Alex Jones, animateur libertarien, trumpiste jusqu'auboutiste, s'engouffre dans la brèche ouverte par la comédienne. Sur son puissant site Infowars, carrure de taureau et voix de stentor, il en fait des tonnes : « Qui est vraiment Michelle Obama ? Une femme ou un homme ? » Michelle a « toujours quelque chose qui "cloche" dans son physique, explique-t-il en diffusant des photos d'elle. Regardez, ce sont des épaules d'homme, elle ne ressemble à aucune femme que j'ai déjà vue. » Presque mot pour mot les arguments que j'ai entendus de la bouche de Natacha à propos de Brigitte Macron. « Depuis les premiers jours, les citoyens se posent la question », glose-t-il en détaillant les proportions du corps, grandes mains, mâchoire large, renflement « suspect » à l'entrejambe supposé révéler la présence d'un sexe masculin. Des procédés qui ressemblent là encore terriblement à ce que l'on va commencer à voir en France, à la même époque, pour notre Première dame. En 2017, il réalise une vidéo de douze minutes, recensant toutes les « preuves » de la transsexualité de Michelle Obama, qu'il surnomme la « *first tranny* » (« première trans »). À cette occasion, Chelsea Clinton, la fille de l'ex-président Bill Clinton, se fend d'un tweet : « @MichelleObama est tout ce que ce site ne sera jamais, honorable, courageuse, aimée. Pas besoin de regarder cette vidéo atroce pour le savoir. » La séquence a néanmoins fait beaucoup d'audience.

Le départ du couple de la Maison-Blanche en 2017 n'a pas éteint la rumeur. Des vidéos sont toujours accessibles aujourd'hui sur TikTok, moquant « Big Mike » en musique. Les mêmes photos tournent : sur l'une, on voit Barack Obama tenir amoureusement Michelle par le cou, quand ils sont étudiants. Ils sourient tous les deux. On la reconnaît bien, mais elle est bizarrement masculine. Cheveux ras, mâchoire proéminente, des sourcils marqués. La photo a de quoi troubler. Et pour cause, elle est truquée. Elle a été retouchée, comme l'a analysé l'AFP en 2020. Avec les applications du type FaceApp, n'importe qui peut modifier des visages de façon réaliste et crédible. Sur internet, on retrouve le cliché original publié sur Twitter par Barack Obama lui-même, le 17 janvier 2019, jour du cinquante-cinquième anniversaire de son épouse, avec ce message : « Je le savais à l'époque et j'en suis absolument convaincu aujourd'hui : tu es unique, @MichelleObama. Joyeux anniversaire ! » Michelle Obama n'y a pas les cheveux ras mais tressés, de grandes boucles d'oreilles créoles, indéniablement féminine. Sur une autre photo, datant de la même époque, une ombre de moustache a été discrètement ajoutée au-dessus de sa bouche. Sur une troisième, Michelle Obama, cheveux longs et grand sourire, pose aux côtés de son mari. Rien de truqué. Mais le document est accompagné de ce commentaire : « Même une rhinoplastie, une dentition de carnassière et une perruque ne peuvent tout dissimuler. » La perruque, la dentition, la rhinoplastie, autant d'arguments employés, là encore, pour Brigitte Macron. Le parallélisme entre les deux histoires est frappant, jusque dans les détails.

L'obsession d'Alex Jones pour la supposée transsexualité de Michelle Obama s'inscrit dans une longue série de croyances typiques des (très) défiants : le 11-Septembre serait une manipulation du gouvernement fédéral, le réchauffement climatique un plan visant à contrôler l'économie mondiale via une taxe carbone imposée par la Banque mondiale, les traînées blanches laissées par les avions dans le ciel seraient des « *chemtrails* » destinées à nous empoisonner… Alex Jones, qui ne recule devant aucune horreur, a aussi affirmé que les enfants tués lors d'une fusillade dans l'école Sandy Hook, en 2012, n'étaient pas morts, et que leurs parents étaient en fait des « acteurs de crise » payés par le gouvernement. En 2022, la justice américaine l'a condamné à verser 1,5 milliard de dollars aux familles des victimes. Et en 2016, il a aussi surfé sur ce qui s'appelle dorénavant le « pizzagate », une affaire dans laquelle l'ancien directeur de campagne d'Hillary Clinton était accusé par des défiants d'être impliqué dans un réseau pédocriminel ayant pour QG une pizzeria. Alex Jones est un pur produit des thèses QAnon. Développées dans les milieux trumpistes, elles prétendent que des élites implantées dans le gouvernement – le fameux « État profond » ou *deep state* dont j'ai déjà parlé – mèneraient une guerre secrète contre le président Donald Trump, et plus largement contre l'Amérique. Ces élites seraient organisées en réseau pour cacher des vérités au peuple, et pour commettre des actes pédocriminels et satanistes. Ces théories ont gagné du terrain : 15 % des Américains, selon un sondage du *Public Religion Research Institute* relayé par le *New York Times* le 27 mai 2021, « estiment que les leviers du pouvoir sont contrôlés par une cabale d'adorateurs de Satan pédophiles »… Les idées QAnon infusent dans le monde entier aujourd'hui. Vous les aurez reconnues évidemment dans les propos de certains interlocuteurs rencontrés pour cette enquête, mais vous pouvez les croiser partout autour de vous, jusque tout récemment à une heure de grande écoute dans une émission très populaire. Ainsi, la croyance selon laquelle les élites boiraient de l'extrait de sang d'enfant pour rajeunir – de l'adrénochrome – a fait irruption dans l'émission de Cyril Hanouna le 9 mars 2023. Gérard Fauré, présenté comme « l'ex-dealer du tout-Paris », invité pour parler de l'affaire Pierre Palmade, y a accusé nommément plusieurs personnalités publiques de consommation d'adrénochrome. « Il y a des gens qui disent que ça existe », a commenté alors Cyril Hanouna, et « c'est une pratique, apparemment ça existe, et ça, il a raison de le dire ». Les enfants, toujours les enfants... C8 a été condamnée par l'Arcom[1] à verser une amende de 500 000 euros. Mais que pèse une amende infligée six mois après une émission vue par plus d'un million de téléspectateurs ?

La fake news sur la transsexualité de Michelle Obama a rencontré une réelle audience aux États-Unis, mais Michelle Obama n'a pas porté plainte. Barack Obama, dans un meeting politique en 2016, s'est contenté de se moquer ouvertement des propos d'Alex Jones à son encontre. Le complotiste ayant expliqué qu'il était un démon et sentait le soufre,

1. Arcom : Autorité de régulation de la communication audiovisuelle et numérique.

le président a fait mine de renifler ses avant-bras, pris un air perplexe, et emporté le rire du public… Michelle Obama a par ailleurs coupé l'herbe sous le pied des propagateurs de fake news en jouant la transparence. Que ce soit parce que son histoire de couple est plus simple à vendre, par tempérament personnel, stratégie de communication politique ou réflexe culturel, elle a beaucoup moins verrouillé la communication sur sa vie privée que Brigitte Macron. Des documentaires la montrent en famille, dévoilant des photos d'elle enfant ou adolescente, puis étudiante, jeune maman… Son frère et ses parents s'expriment, racontent sa jeunesse. Après ses huit ans à la Maison-Blanche, l'ex-Première dame a même publié une biographie très fournie, *Devenir*[1], dans laquelle elle confie des détails particulièrement intimes de sa vie de femme (elle y raconte notamment avoir vécu une fausse couche et avoir eu recours à une FIV). Cela suffira-t-il à enrayer les fausses rumeurs si elle revient un jour sur le devant de la scène ? En tout cas, quand Joel Gilbert, réalisateur réputé conspirationniste, réalise un documentaire en 2023 sur les supposées prétentions présidentielles de « Michelle Obama 2024 », et que la question du genre de l'ex-Première dame lui est posée de nouveau, sa réponse est nette : l'ex-Première dame aurait menti sur beaucoup de choses sur sa vie, dit-il, mais pas sur

1. Michelle Obama, *Devenir*, Fayard, 2018 (et Livre de poche, 2020) ; originellement paru aux États-Unis en 2018 sous le titre *Becoming*.

son genre : « C'est une femme à 100 %. » Natacha, auprès de qui j'évoque cette affaire américaine, ne semble pas trop savoir qu'en penser. Lorsqu'elle a commencé à travailler sur le cas Brigitte, elle ignorait, assure-t-elle, qu'une rumeur similaire existait au sujet de Michelle Obama. « C'est loin, les États-Unis, je n'ai pas enquêté dessus. Et puis, dans cette histoire, il n'y a pas de question de pédophilie puisqu'elle et son mari sont de la même génération. » Natacha a en revanche un avis à me donner « sur le cas Begoña Gómez », la femme de Pedro Sánchez, président du gouvernement d'Espagne depuis 2018. Je tombe des nues. Il y a donc aussi une rumeur en Espagne ? Natacha a reçu des documents « d'un ami qui revient d'Espagne », elle me les transfère : je découvre une photo de la Première dame espagnole, censée avoir été prise quand elle était plus jeune, la montrant en blouson, les cheveux courts, les traits artificiellement masculinisés, comme Michelle Obama. Natacha a accompagné la photo qu'elle m'envoie d'un commentaire dont elle ne mesure pas le sexisme : « Si le type (Pedro Sánchez) n'était pas homo, avec son physique et son statut, il pourrait avoir beaucoup mieux que “cette” Begoña qui ressemble à un homme, malgré ses cheveux longs (front, arcades sourcilières typiquement masculins !) ».

Comme Emmanuel Macron et Barack Obama, Pedro Sánchez, élu en 2018, est donc « soupçonné » d'être homosexuel. Et sa femme, d'être une transgenre. Sur Twitter, les Espagnols ont vu fleurir des hashtags « Begoño » (au masculin, donc) ou encore « BegoñoNotieneCoñotieneRabo » (que l'on pourrait traduire, en perdant le jeu de sonorités, par « BegoñoPasdeChatteuneQueue »). Ils ont pu lire tout et n'importe quoi, comme cet article titré « Begoña Gómez prend trois jours de congé à cause de douleurs à la prostate », ou encore ce commentaire similaire à ceux émis sur le couple Macron : « Que pouvons-nous attendre de quelqu'un qui a épousé une personne trans et qui ne le dit pas ? » Très discrète, ne s'exprimant jamais sur les plateaux, Begoña Gómez a fini par sortir de sa réserve. En avril 2023, elle a porté plainte contre Pilar Baselga, une historienne de l'art connue pour ses positions conspirationnistes, qui avait affirmé sur une chaîne de télévision, Distrito TV, que la Première dame espagnole était transsexuelle et qu'elle faisait partie d'un réseau de trafic de drogue. Begoña Gómez a demandé 100 000 euros et des excuses publiques. Le présentateur de l'émission, lui, s'est fait virer. La séquence avait fait un million de vues en soixante-douze heures sur YouTube.

Michelle Obama, Brigitte Macron, Begoña Gómez, et même Jacinda Ardern, la Première ministre de la Nouvelle-Zélande… cela commence à ressembler à un phénomène sociétal mondial. « Ce que vous décrivez, c'est la *"elit gender inversion"* », me confirme l'universitaire Tristan Mendès France au téléphone, en août 2023. « Un registre du complotisme d'extrême droite qui vient effectivement des États-Unis. Il s'inscrit dans la matrice du mouvement QAnon, pour lequel nos élites sont dégénérées moralement, et donc sexuellement. » Je songe naïvement que l'addition de ces histoires de Première dames transgenres devrait ébranler les certitudes de Natacha et de mes interlocuteurs. Cette multiplication de cas, avec des procédés si semblables, montre bien que l'on se trouve face à un phénomène systémique, des défiants du monde entier qui plaquent leurs peurs sur leurs gouvernants respectifs, quels qu'ils soient. Le sujet n'est pas l'orientation sexuelle de ces messieurs, ni le genre de leurs compagnes, mais bien ce que ces rumeurs expriment : la même défiance face à ce que certains pensent être le mensonge. Et le fossé qui se creuse entre une partie de la population et ses élites, dans tous les pays occidentalisés. Natacha, avec laquelle j'évoque la question, s'avoue un peu « embarrassée », mais ne vacille pas pour autant. « S'il y a plusieurs cas dans plusieurs pays, me répond-elle, c'est sûrement le signe qu'il y a un réel problème de déviance de toutes les élites, au niveau mondial. Ça me dépasse, mais ce n'est pas nous qui inventons ces personnes, elles existent. » Je blague, tellement c'est absurde : « Vous croyez donc à une internationale des transgenres à la tête des États ? » La plaisanterie ne l'amuse pas du tout. Elle s'avoue perturbée, mais pas dans le sens où je l'attendais : « La question est : pourquoi existent-ils ? Pourquoi ont-ils placé des trans de façon incognito auprès de présidents et de Premiers ministres ? » « Ils », on l'aura compris, les puissances financières évoquées plus tôt. L'État profond. « Peut-être veulent-ils imposer un modèle ? » s'interroge encore Natacha. « Ou est-ce que c'est parce qu'ils les tiennent ? C'est un moyen de pression ? Je n'ai pas de réponse, je constate juste que nous ne sommes pas les seuls, en France, à vivre cette situation. » Je demande son avis à Xavier Poussard. Sa réponse, qui fuse au téléphone, enfonce le clou : « On est dans un monde de l'inversion et du satanisme. »

Quelques semaines après cette conversation, Natacha m'envoie la photo d'une femme blonde, accompagnée du message d'un de ses contacts : « Et Dominique Faure, nouvelle ministre des Collectivités territoriales, elle joue la femme transgenre ? » Sur le site Verif.com, elle a trouvé une entreprise gérée par « un » Dominique Faure, défini comme masculin... Elle est de nouveau en chasse. Je vois que l'information tourne. Sur un fil Telegram, quelqu'un a posté le même cliché, avec ce commentaire : « Encore un Jean-Michel, hein ? » J'avoue, là, j'ai séché... Que répondre quand on en arrive là ? Comment argumenter, dans un monde où toutes les falsifications sont possibles, où les arguments concrets sont retournés par des logiques inversées, où toute réalité se dilue dans le virtuel ? À ce stade, je réalise que la vérité deviendrait – presque – une affaire de choix. Au fond, si je crois que Brigitte Macron, Michelle Obama et Begoña Gómez sont des femmes, c'est parce que je décide de le croire. Et l'inverse serait vrai. C'est vertigineux. Nous voici de plain-pied dans la « post-vérité », ce mot désigné « mot de l'année 2016 » par le dictionnaire d'Oxford. Dans un communiqué, ses éditeurs avaient précisé le sens de ce préfixe « post », qui ne signifie pas « après », mais « proche de l'idée d'appartenir à une période dans laquelle le concept spécifié est devenu sans importance ». Nous vivons donc une époque dans laquelle le concept de vérité est devenu (presque) sans importance.

Alors bien sûr, la méfiance vis-à-vis des politiques n'est pas nouvelle. Dans son ouvrage *La Faiblesse du vrai. Ce que la post-vérité fait à notre monde commun*[1], Myriam Revault d'Allonnes rappelle que vérité et politique n'ont jamais fait bon ménage. Mais les scandales politiques, économiques, de mœurs, de santé, sautent désormais aux yeux des citoyens qui demandent des comptes. À l'ère de la transparence, le citoyen voit, entend, sait – ou du moins, croit voir, entendre, savoir. Il exprime un rejet de plus en plus marqué de ceux qui dirigent ce monde tel qu'il ne va pas. Il traque les failles, les scrute à la loupe et les partage via les réseaux sociaux… Il a ce fantasme énorme qu'il peut nettoyer les écuries d'Augias, essorer les mensonges – vrais ou supposés –, assainir.

1. Myriam Revault d'Allonnes, *La Faiblesse du vrai. Ce que la post-vérité fait à notre monde commun*, Paris, Le Seuil, coll. « La couleur des idées », 2018.

Des armées de défiants grattent la couche de peinture, comme Natacha et les autres interlocuteurs de cette enquête. Aujourd'hui, à l'heure où on leur demande de faire des efforts pour la planète, les « gueux », expression utilisée ironiquement pas mes interlocuteurs, peuvent traquer sur leur téléphone les déplacements en jet privé des « seigneurs ». À l'heure où l'inflation les assomme, les « sans-dents », autre expression souvent entendue, font tourner les photos des homards de François de Rugy à l'Assemblée nationale ou du dîner somptuaire de Versailles donné en l'honneur du prince Charles. Alors que le délinquant lambda paie devant la justice ses délits et ses crimes, le citoyen fait l'inventaire des puissants épargnés. Internet n'oublie rien, les images repassent, les défiants ressassent. Tristan Mendès France estime qu'« aucun gouvernement n'est parfait, il y aura toujours des erreurs de parcours, et ces fautes deviennent des justificatifs pour ceux qui ont déjà un état d'esprit complotiste, elles confortent une croyance préexistante ». Mais une partie de ces fautes ne pourraient-elles pas être évitées ? Les défiants reprochent aux élites de ne pas protéger les plus faibles, et de se protéger entre elles. C'est bien le sentiment de cet entre-soi, de ces petits intérêts partagés et d'une impunité des puissants qui provoque la haine, la défiance, et *in fine*, les fake news.

On exclut les défiants, on les décrie. On voudrait les cacher sous le tapis de nos certitudes, et on s'étonne de les retrouver autour de la table, toujours plus nombreux, plus visibles, y compris dans nos proches entourages. On les croit faibles, muselés, et on découvre qu'ils s'organisent dans un monde parallèle. Avec internet et les réseaux sociaux, c'est une véritable culture collective du scandale et de l'indignation qui se crée, se nourrit, se transmet. Une culture qui gagne en puissance, car autonome. Ils forment des groupes de « résistants » dans tous les pays. Ils communiquent entre eux, partagent, enquêtent, soudés par l'idée de mener une guerre pour la « vérité » et la préservation de l'humanité, contre une « oligarchie criminelle ». On l'a vu au long de cette enquête, avec les Gilets jaunes puis le Covid : les défiants ont appris à contourner les modérateurs des réseaux sociaux, à se coordonner via des boucles Telegram, à créer des assemblées et autres collectifs... Les médias « mainstream » les boudent, les circuits traditionnels les ignorent ? Ils ont leurs émissions, leurs plateformes, leurs journalistes stars, leurs films cultes, de *Hold-up, retour sur un chaos*, de Pierre Barnérias, à *Sound of Freedom*, d'Alejandro Gómez Monteverde… Je ne peux m'empêcher de voir comme une faillite collective le fait que des citoyens se retrouvent sur des réseaux parallèles pour échapper à une politique sanitaire, ou pour enquêter sur le genre de la Première dame. Que des victimes préfèrent parfois s'adresser à une @zoesagan, dont elles ne savent rien, plutôt qu'à la justice ou la police, n'en est-il pas aussi le signe ? Oui, les défiants s'enferment dans une bulle hors de la réalité à force de s'informer en huis clos. Mais les conspuer, c'est conspuer les symptômes, sans considérer les causes. S'ils grandissent, c'est aussi parce qu'ils sont nourris. L'affaire Madame est née de ce terreau.

Épilogue

Au fil de cette enquête, j'ai essayé d'établir une communication entre deux rives qui se sont éloignées, deux mondes qui ne se parlent plus. Dans un roman, j'aurais fait se rencontrer Natacha, Brigitte et Jean-Michel. On se serait assis sur un canapé, on aurait feuilleté ensemble l'album de famille, on aurait bien rigolé et le livre se serait terminé sur un *happy end* réconfortant. Dans la vraie vie, il en a été un peu autrement. Brigitte Macron, qui ne répond pas volontiers aux sollicitations de ses biographes, m'a fait savoir, via son cabinet puis son avocat, qu'elle ne participerait pas non plus à ce travail. Ses trois enfants ont refusé eux aussi. Sébastien est resté silencieux. Laurence m'a écrit, sur Facebook : « Je ne donne aucune interview sur ce sujet », et Tiphaine m'a informée par mail, via son assistante, que

« revenir sur les faits serait leur donner de l'importance ». On peut comprendre, dans cette stratégie du silence, la volonté de se protéger et de protéger ses proches, celle aussi de ne pas donner davantage prise aux élucubrations en tout genre, de ne pas alimenter la machine, mais à l'ère d'internet et de la transparence, ce choix ne paraît pas très efficace.

Les Brigittologues, on l'a vu, sont obsédés par le fait de retrouver des traces de Brigitte adolescente ou toute jeune femme, avant sa supposée transformation. Alors, un peu par jeu, j'ai récolté, au fil de mes déplacements et rencontres, quelques-unes de ces « preuves » qu'ils demandent tant. J'ai rencontré d'anciennes amies de Brigitte Macron, de l'époque de l'école, du collège et du lycée, qui m'ont raconté les après-midis chez les Trogneux. « On aimait bien y aller, pour les confiseries. » L'une se souvenait de la présence de son grand frère, Jean-Michel, « qui nous faisait des caramels ». Mais les défiants veulent du concret, pas des paroles, et elles n'avaient pas de photos à me montrer. J'ai déjeuné aussi avec une des meilleures amies de Brigitte, qui l'a fréquentée adulte, jeune maman, en couple. Dans sa jolie maison avec potager, cette amie a mis beaucoup d'énergie à ne rien me raconter, et m'a juré n'avoir conservé aucune photo de ces années d'amitié. Quelques semaines plus tard, elle m'a rappelée pour me dire que je ne devais, à la demande expresse de Brigitte, « rien ! » dévoiler de ce qu'elle m'avait dit, pourtant si anodin. J'ai alors eu une pensée solidaire pour ses biographes. Effectivement, ça n'a pas dû être simple.

Et puis un jour, une autre amie de classe de Brigitte, bavarde et drôle, me lâche au bout d'une heure de conversation au téléphone que Brigitte Trogneux a été sa témoin de mariage en 1976. En revanche, elle est étonnée car selon elle, sa témoin n'était pas mariée à l'époque et n'avait en tout cas pas d'enfant, alors que cette dernière était censée avoir convolé deux ans plus tôt et avoir donné naissance à Sébastien. Je n'ai pas réussi à éclaircir cette question, l'amie ayant coupé court à nos échanges ensuite. Mais elle m'a assuré que c'était bien Brigitte et m'a d'ailleurs envoyé une photo de la cérémonie. Un joli couple dans une église, devant l'autel, et à côté de la mariée en robe blanche, de profil, la témoin, épaules larges, coupe façon Stone et Charden à frange courte, veste et pantalon « pattes d'éléphant ». J'ai montré mon butin à Natacha et Dominique, qui ont concédé reconnaître potentiellement Brigitte Macron, tout en la trouvant « étrangement masculine ». Dominique s'est demandé « si elle était hermaphrodite ».

Concernant André, le premier époux, je pensais aussi naïvement convaincre mes interlocuteurs défiants avec cette photo récupérée auprès d'un ex-collègue de la banque où il travaillait. « Pourquoi les journalistes qui ont déjà enquêté n'avaient-ils pas trouvé cette photo alors qu'ils avaient contacté ces collègues ? m'a demandé Natacha, suspicieuse. Et puis vous n'avez pas vu l'original, c'est une copie numérique ? » J'explique que le monsieur qui me l'a envoyée habite à Avignon. « C'est si facile de faire des faux numériques ! Vous savez, Emmanuelle, tant que vous n'avez pas une photo originale de famille de Brigitte avec ses enfants, ou avec Jean-Michel et André, je n'y croirai pas. »

J'ai pris rendez-vous avec l'avocat de Brigitte Macron, qui est aussi un des avocats d'Emmanuel Macron. Réputé un des meilleurs de Paris, un des plus affûtés mais aussi des plus discrets, il a mis du temps à me recevoir. Il n'a pas pour habitude de répondre aux journalistes et n'aime pas la lumière des plateaux de télé. Il ne s'exprime généralement pas sur ses dossiers, mais le cabinet de sa cliente lui a demandé de me voir. Pour lui, la stratégie face aux fake news est simple : laisser dire, attendre que ça passe, réagir le moins possible, afin de ne pas entrer dans le jeu de ceux qui attaquent. Concernant Natacha Rey, il a néanmoins fallu réagir après l'émission, car l'affaire prenait des proportions trop grandes.

Brigitte Macron et ses enfants avaient porté plainte pour atteinte à la vie privée et au droit à l'image, mais cette plainte a été rejetée en mars 2023, la justice considérant que l'affaire relevait de la diffamation. C'est donc bien la plainte en diffamation de Brigitte Macron et Jean-Michel Trogneux (qui sont donc deux personnes distinctes, pointe l'avocat) déposée le 31 janvier 2022 qui doit être jugée dorénavant. Elle reprend une vingtaine d'extraits des propos tenus par Natacha Rey dans l'émission. Plus que la question de la transsexualité de la Première dame, les extraits choisis évoquent surtout l'assimilation Brigitte Macron/Jean-Michel Trogneux, la non-existence de son premier mari André et la falsification de documents d'état civil, qui constitue un délit.

Le temps de la justice est long, très long. Deux ans après la plainte, le procès devrait avoir lieu en mars 2025. Mais pendant ce temps, la rumeur continue son chemin. Pourquoi ne pas couper court à tout cela en glissant mine de rien une photo de famille dans les pages de *Paris-Match* ? Ou pourquoi ne pas profiter de ce livre pour répondre ? Ce serait pour l'avocat continuer à entrer dans un jeu qu'il ne veut pas alimenter parce qu'il l'estime sans fin et que, quels que soient les preuves produites, elles seraient taxées de fausses. « Alors il faudrait tout justifier ? conclut-il. Ce n'est pas à nous de prouver que la Terre n'est pas plate, ni que Brigitte Macron est Brigitte Macron. »

Les biographes de Brigitte m'avaient prévenue que la famille Trogneux était mutique. J'ai malgré tout essayé. En juin 2023, j'ai croisé brièvement Jean-Alexandre, neveu de Brigitte, qui a régné sur l'entreprise familiale jusque très récemment, avant d'en laisser les rênes à son fils. Il était venu à un procès de Gilets jaunes, jugés pour avoir agressé son fils devant la boutique, lors d'une manifestation.

Toujours cette violence... Cheveux mi-longs et visage bronzé, jean et veste à la décontraction chic, Jean-Alexandre est resté très discret pendant le procès. Et il a décliné ma demande d'entretien, en lâchant juste, après un long soupir : « Vous savez, nous sommes phagocytés par cette histoire. »

Mes demandes auprès de Jean-Michel Trogneux sont restées vaines, elles aussi. Un soir de septembre 2023, j'ai réussi à le croiser à Amiens, alors qu'il sortait d'un bar PMU où il retrouve chaque semaine des copains pour jouer à la manille, son jeu de cartes favori. Il s'est arrêté sur le trottoir pour écouter mes questions, poliment, quelques minutes. Il m'a regardée de ses yeux ronds, a marmonné : « Cette histoire est absurde », avant d'ajouter : « C'est une bande de paumés, c'est invraisemblable que des gens puissent y croire. » Il m'a assuré que toute cette affaire #JeanMichelTrogneux n'avait « pas vraiment eu d'impact » sur sa vie, à part le fait qu'il avait dû « fermer son compte Facebook » à cause des messages de trolls, « ça devenait infernal ». Au bout de quelques minutes, il m'a demandé, toujours poliment, si je pouvais le laisser « rentrer chez lui maintenant ». Et puis il s'est éloigné, dans son gros pull rayé, de son pas tranquille de retraité.

Remerciements

À Natacha, et à toutes celles et ceux qui ont accepté de me rencontrer et d'échanger, en passant outre le mur de la défiance.

À Clarisse Cohen, mon éditrice de toujours, pour son humanité et sa compétence. Et à toute l'équipe de StudioFact, pour son enthousiasme.

À la direction de *L'Obs* pour sa confiance, à mon chef de service pour sa bienveillance rare.

À ma famille, mes amis, mon compagnon, pour leur présence indéfectible, par tous les temps.

À mes enfants formidables, dont le regard perspicace et plein d'humour m'aide à décrypter cette drôle d'époque.

Table

1. Médiumnisation. 9
2. Natacha 27
3. La quête 45
4. Média Circus 65
5. L'armée des soutiens. 79
6. Les gens d'en face 107
7. À la barre 123
8. Au pays des Brigittologues 145
9. Et Zoé Sagan arriva 165
10. L'internationale des trans 181
Épilogue 197
Remerciements. 203

Cet ouvrage a été achevé d'imprimer sur Roto-Page
par l'Imprimerie Floch à Mayenne
en mars 2024
pour le compte des Éditions StudioFact

Dépôt légal : mars 2024
N° d'impression : 104321
Imprimé en France

STUDIOFACT
ÉDITIONS
RACONTER LE RÉEL

DÉJÀ PARUS

- *Le Mystère Jubillar* - Ronan Folgoas
- *Mes lettres de cachets* - Flora Nicol
- *Catwalk* - Nathalie Cros-Coitton avec Caroline Andrieu
- *L'Obstiné* - Raphaël Nedilko avec Catherine Siguret
- ***Crayon noir*** *Samuel Paty, histoire d'un prof* **(roman graphique)** - Valérie Igounet et Guy Le Besnerais